아이가 주인공인 책

아이는 스스로 생각하고 매일 성장합니다.
부모가 아이를 존중하고 그 가능성을 믿을 때
새로운 문제들을 스스로 해결해 나갈 수 있습니다.

〈기적의 학습서〉는 아이가 주인공인 책입니다.
탄탄한 실력을 만드는 체계적인 학습법으로
아이의 공부 자신감을 높여 줍니다.

아이의 가능성과 꿈을 응원해 주세요.
아이가 주인공인 분위기를 만들어 주고,
작은 노력과 땀방울에 큰 박수를 보내 주세요.
〈기적의 학습서〉가 자녀 교육에 힘이 되겠습니다.

조심조심 착은히 통과 해야된다.

숙제가 하기 싫었 는데 애미쏘리덕에 한결 기운이좋아졌다

미래의 내 모습 그리고 설명하기

나는 식당을 열어 서 고아원 아이돌을 그리고 도와 줄겁니다. 아이돌이되어 웃게해줄겁니다 성우도되어 어린이들 웃게 할겁니다

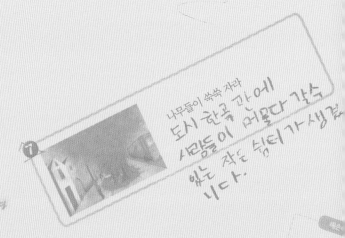

나무들이 쑥쑥 자라 도시 한곡 간에 사람들이 머물다 갈수 있는 작은 쉼터가 생길것 니다.

빼로 태워

다섯친구들은 아주 웅감하 다. 다섯친구들 너무 좋다.

어이없이 소원을빌어의 이제 나무를 잘 패세요.

그 다섯 명이 쎌줄도 모르고 덤벼서 너무 아프고 억울해 또 만나면 내줄거야

호랑이

언제	새벽 5시에
어디에서	집 에서
누구와	나와
무슨 일	더위서 새벽5시에일어났다ㄹ

안녕? 난 **뚱**이라고 해. 2019살이야.

디자이너 비따쌤이 만들었는데, 길벗쌤이 날 딱 보더니 엉뚱한 생각을 많이 할 것 같다고

'뚱'이란 이름을 지어 줬어. (뚱뚱해서 지은 거 아니야! 화났뚱) 나는 이 책에 가끔 나와.

새싹뚱, 글자뚱, 읽는뚱, 쓰는뚱, 생각뚱, 탐구뚱, 박사뚱, 말뚱, 놀뚱, 쉴뚱! ( **똥** 아니야! 잘 봐~)

너희들 읽기도 쓰기도 하는 둥 마는 둥 할까 봐 내가 아주 걱정이 많아. 그래서 살짝뚱 도와줄 거야.

같이 해 보자고!! 뚱뚱~~

초등 문해력, **쓰기**로 완성한다!

기적의
독서 논술

길벗스쿨

기적의 독서 논술 ❻ 초등 3학년

초판 1쇄 발행 2020년 2월 2일
개정 1쇄 발행 2024년 4월 11일

지은이 기적학습연구소
발행인 이종원
발행처 길벗스쿨
출판사 등록일 2006년 6월 16일
주소 서울시 마포구 월드컵로 10길 56(서교동 467-9)
대표 전화 02)332-0931 | **팩스** 02)323-0586
홈페이지 www.gilbutschool.co.kr | **이메일** gilbut@gilbut.co.kr

기획 신경아(skalion@gilbut.co.kr) | **책임 편집** 박은숙, 유명희, 이은정
제작 이준호, 손일순, 이진혁 | **영업마케팅** 문세연, 박선경, 박다슬 | **웹마케팅** 박달님, 이재윤, 나혜연
영업관리 김명자, 정경화 | **독자지원** 윤정아

디자인 디자인비따 | **전산편집** 디그린, 린 기획
편집 진행 이은정 | **교정 교열** 백영주
표지 일러스트 이승정 | **본문 일러스트** 이주연, 루인, 조수희, 백정석, 김지아
CTP출력 및 인쇄 교보피앤비 | **제본** 경문제책

ISBN 979-11-6406-676-6 64710
(길벗스쿨 도서번호 10944)
정가 12,000원

독자의 1초를 아껴주는 정성 길벗출판사

길벗스쿨 | 국어학습서, 수학학습서, 유아학습서, 어학학습서, 어린이교양서, 교과서
길벗 | IT실용서, IT/일반 수험서, IT전문서, 경제실용서, 취미실용서, 건강실용서, 자녀교육서
더퀘스트 | 인문교양서, 비즈니스서
길벗이지톡 | 어학단행본, 어학수험서

'읽다'라는 동사에는 명령형이 먹혀들지 않는다.

이를테면 '사랑하다'라든가 '꿈꾸다' 같은 동사처럼,

'읽다'는 명령형으로 쓰면 거부 반응을 일으키는 것이다. 물론 줄기차게 시도해 볼 수는 있다.

"사랑해라!", "꿈을 가져라."라든가, "책 좀 읽어라, 제발!", "너, 이 자식, 책 읽으라고 했잖아!"라고.

효과는? 전혀 없다.

－『다니엘 페나크, 〈소설처럼〉 중에서』

이 책을 기획하면서 읽었던 많은 독서 교육 관련 책 중에 가장 기억에 남는 구절이었습니다. 볼거리와 놀거리가 차고 넘치는 세상에서 아이들에게 그럼에도 불구하고 '독서가 답이야.'라고 말해 주고 싶어서 이 책을 기획했습니다. 그래서 어떻게 하면 '독서(읽다)와 논술(쓰다)'이라는 말이 명령형처럼 들리지 않을까 고민했습니다. '혼자서도 할 수 있어.'에서 '같이 해 보자.'로 방법을 바꿔 제안합니다.

독서도 연산처럼 훈련이 필요한 학습입니다. 글자를 뗀 이후부터 혼자서 책을 척척 찾아 읽고, 독서 감상문도 줄줄 잘 쓰는 친구가 있을까요? 처음에는 쉽지 않습니다. 초보 독서에서 벗어나 능숙한 독서가로 성장하기 위해서는 무릇 학교 선생님(부모님)의 도움이 필요합니다. 가랑비에 옷 젖듯, 매일 조금씩 천천히 함께 책 읽는 시간을 가져 보세요. 그리고 읽은 것에 대해 이런저런 대화를 나누어 보세요. 함께 책을 읽는 연습이 되어야 생각하는 힘이 생기고, 자기 생각을 표현하는 방법도 깨우치게 됩니다.

아이가 잘 읽고 있다고 생각할 수 있지만, 내용을 금방 파악하기 어려울 수 있습니다. 이럴 때 부모님께서 함께 글의 내용을 떠올려 봐 주시고, 생각의 물꼬를 터 주신다면 아이들은 쉽게 글 속으로 빠져들게 될 것입니다.

생각을 표현하는 것 또한 녹록지 않을 수 있습니다. 처음부터 완벽한 문장으로 쓰기를 기대하지 마세요. 읽는 것만큼 쓰는 것도 자주 해 봐야 늡니다. 쓰기를 특히 어려워한다면 말로 표현해 보라고 먼저 권유해 주세요. 한 주에 한 편씩 읽고 쓰고 대화하는 동안에 공감 능력과 이해력이 생기고, 생각하고 표현하는 능력이 향상될 것입니다.

초등 공부는 읽기로 시작해서 쓰기로 완성됩니다. 지금 이 책이 그 효과적인 독서 교육 방법을 제안합니다. 이 책을 선택하신 무릇 학교 선생님, 우리 아이에게 딱 맞는 독서 교육가가 되어 주십시오. 아이와 함께 할 때 효과는 배가 될 것입니다.

2020. 2

기적학습연구소 일동

〈기적의 독서 논술〉은 매주 한 편씩 깊이 있게 글을 읽고 생각을 쓰면서 사고력을 키우는 초등 학년별 독서 논술 프로그램입니다.

눈에만 담는 독서에서 벗어나, 읽고 떠오르는 생각과 감정을 밖으로 표현해 보세요. 매주 새로운 글을 통해 생각 훈련을 하다 보면, 어휘력과 독해력은 물론 표현력까지 기를 수 있습니다. 예비 초등을 시작으로 학년별 2권씩, 총 14권으로 구성되어 있습니다.

* 초등 고학년(5~6학년)을 대상으로 한 〈기적의 역사 논술〉도 함께 출시되어 있습니다. 〈기적의 역사 논술〉은 매주 한 편씩 한국사 스토리를 통해 역사적 맥락을 이해하고, 그 의미를 파악하며 생각을 써 보는 통합 사고력 프로그램입니다.

1 학년(연령)별 구성

학년별 2권 구성

한 학기에 한 권씩 독서 논술을 테마로 학습 계획을 짜 보는 것은 어떨까요?

독서 프로그램 차등 설계

읽기 역량을 고려하여 본문의 구성도 차등 적용하였습니다.

예비 초등과 초등 1학년은 짧은 글을 중심으로 장면별로 끊어 읽는 독서법을 채택하였습니다. 초등 2~4학년은 한 편의 글을 앞뒤로 나누어 읽도록 하였고, 초등 5~6학년은 한 편의 글을 끊지 않고 쭉 이어서 읽도록 하였습니다. 글을 읽은 뒤에는 글의 내용을 확인 정리하면서 생각을 펼칠 수 있도록 설계하였습니다.

> **선택 팁** 단계별(학년별)로 읽기 분량이나 서술·논술형 문제에 난이도 차가 있습니다. 아이 학년에 맞게 책을 선택하시되 첫 주의 내용을 보시고 너무 어렵겠다 싶으시면 전 단계를, 이 정도면 수월하겠다 싶으시면 다음 권을 선택하셔서 학습하시길 추천드립니다.

② 읽기 역량을 고려한 다채로운 읽기물 선정 (커리큘럼 소개)

권	주	읽기물	주제	장르	비고	특강
P1	1	염소네 대문	친구 사귀기	창작 동화	인문, 사회	한 장면 생각 표현
	2	바람과 해님	지혜, 온화함	명작 동화	인문, 과학	
	3	임금님 귀는 당나귀 귀	비밀 지키기	전래 동화	인문, 사회	
	4	숲속 꼬마 사자의 변신	바른 태도로 듣기	창작 동화	사회, 언어	
P2	1	수상한 아저씨의 뚝딱 목공소	편견, 직업	창작 동화	인문, 기술	한 장면 생각 표현
	2	짧아진 바지	효, 소통	전래 동화	사회, 문화	
	3	레옹을 부탁해요	유기묘, 동물 사랑	창작 동화	인문, 과학	
	4	어리석은 소원	신중하게 생각하기	명작 동화	인문, 사회	
1	1	글자가 사라진다면	한글의 소중함	창작 동화	언어, 사회	그림일기 사람을 소개하는 글
	2	노란색 운동화	쓸모와 나눔	창작 동화	사회, 경제	
	3	재주 많은 다섯 친구	재능	전래 동화	인문, 기술	
	4	우리는 한 가족	가족 호칭	지식 동화	사회, 문화	
2	1	토끼의 재판	은혜, 이웃 도와주기	전래 동화	인문, 사회	일기 물건을 설명하는 글
	2	신통방통 소식통	감각 기관	설명문	과학, 기술	
	3	숲속 거인의 흥미진진 퀴즈	도형	지식 동화	과학, 수학	
	4	열두 띠 이야기	열두 띠가 생겨난 유래	지식 동화	사회, 문화	
3	1	당신이 하는 일은 모두 옳아요	믿음	명작 동화	인문, 사회	부탁하는 글 편지
	2	바깥 활동 안전 수첩	안전 수칙	설명문	사회, 안전	
	3	이르기 대장 나최고	이해, 나쁜 습관	창작 동화	인문, 사회	
	4	우리 땅 곤충 관찰기	여름에 만나는 곤충	관찰 기록문	과학, 기술	
4	1	고제는 알고 있다	친구 이해	창작 동화	인문, 사회	책을 소개하는 글 관찰 기록문
	2	여성을 위한 변호사 이태영	위인, 남녀평등	전기문	사회, 문화	
	3	염색약이냐 연필깎이냐, 그것이 문제로다!	현명한 선택	경제 동화	사회, 경제	
	4	내 직업은 직업 발명가	직업 선택	지식 동화	사회, 기술	
5	1	지하 정원	성실함, 선행	창작 동화	사회, 철학	독서 감상문 제안하는 글
	2	내 친구가 사는 곳이 궁금해	대도시와 마을	지식 동화	사회, 지리	
	3	팥죽 호랑이와 일곱 녀석	배려와 공감	반전 동화	인문, 사회	
	4	수다쟁이 피피의 요란한 바다 여행	환경 보호, 미세 플라스틱 문제	지식 동화	과학, 환경	
6	1	여행	여행, 체험	동시	인문, 문화	설명문 시
	2	마녀의 빵	적절한 상황 판단	명작 동화	인문, 사회	
	3	숨바꼭질	자존감	창작 동화	사회, 문화	
	4	한반도의 동물을 구하라!	한반도의 멸종 동물들	설명문	과학, 환경	
7	1	작은 총알 하나	전쟁 반대, 평화	창작 동화	인문, 평화	기행문 논설문
	2	백제의 숨결, 무령왕릉	문화 유산 답사	기행문	역사, 문화	
	3	돌멩이 수프	공동체, 나눔	명작 동화	사회, 문화	
	4	우리 교실에 벼가 자라요	식물의 한살이	지식 동화	과학, 기술	
8	1	헬로! 두떡 마켓	북한 주민 정착	창작 동화	사회, 문화	기사문 연설문
	2	2005 스탠퍼드대학교 졸업식 연설문	끊임없는 도전 정신	연설문	과학, 기술	
	3	피부색으로 차별받지 않는 무지개 나라	편견과 차별	지식 동화	문화, 역사	
	4	양반전	위선과 무능 풍자	고전 소설	사회, 문화	

③ 어휘력 + 독해력 + 표현력을 한번에 잡는 3단계 독서 프로그램

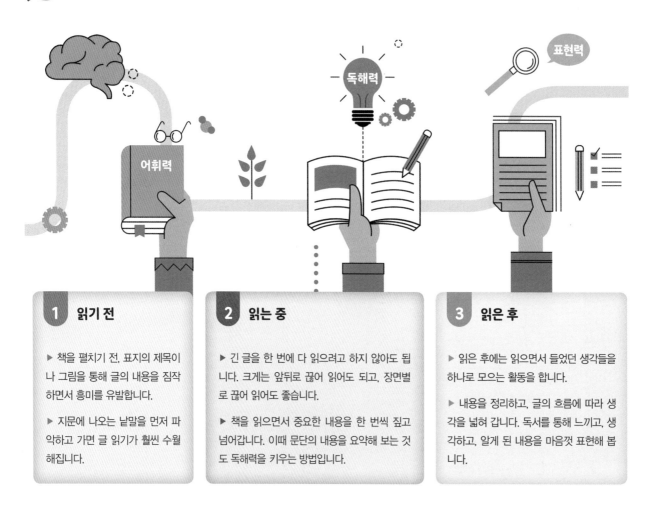

1 읽기 전

▶ 책을 펼치기 전, 표지의 제목이나 그림을 통해 글의 내용을 짐작하면서 흥미를 유발합니다.

▶ 지문에 나오는 낱말을 먼저 파악하고 가면 글 읽기가 훨씬 수월해집니다.

2 읽는 중

▶ 긴 글을 한 번에 다 읽으려고 하지 않아도 됩니다. 크게는 앞뒤로 끊어 읽어도 되고, 장면별로 끊어 읽어도 좋습니다.

▶ 책을 읽으면서 중요한 내용을 한 번씩 짚고 넘어갑니다. 이때 문단의 내용을 요약해 보는 것도 독해력을 키우는 방법입니다.

3 읽은 후

▶ 읽은 후에는 읽으면서 들었던 생각들을 하나로 모으는 활동을 합니다.

▶ 내용을 정리하고, 글의 흐름에 따라 생각을 넓혀 갑니다. 독서를 통해 느끼고, 생각하고, 알게 된 내용을 마음껏 표현해 봅니다.

예비 초등~1학년의 독서법

읽기 능력을 살리는 '장면별 끊어 읽기'

창작/전래/이솝 우화 등 짧지만 아이들의 감성을 자극하고 공감을 끌어낼 수 있는 이야기글을 수록하였습니다. 어린 연령일수록 읽기에 대한 거부감을 줄이고, 독서에 대한 재미를 더합니다.

2학년 이상의 독서법

사고력과 비판력을 키우는 '깊이 읽기'

동화뿐 아니라 시, 전기문, 기행문, 설명문, 연설문, 고전 등 다양한 갈래를 다루고 있습니다. 읽기 능력 신장을 위해 저학년에 비해 긴 글을 앞뒤로 나누어 읽어 봅니다. 흥미로운 주제와 시공간을 넘나드는 폭넓은 소재로 아이들의 생각을 펼칠 수 있게 하였습니다.

4 사고력 확장을 위한 서술·논술형 문제 출제

초등학생에게 논술은 '생각 쓰기 연습'에 해당합니다.

교육 평가 과정이 객관식에서 주관식 평가로 점차 변화하고 있습니다. 학교에서는 지필고사를 대신한 수행평가가 수시로 이루어지고 있습니다. 정오답을 찾는 단선적인 객관식보다 사고력을 평가할 수 있는 주관식의 비율이 높아지고, 국어뿐 아니라 수학, 사회, 과학 등 서술형 평가가 확대되고 있습니다. 이런 평가를 대비하여 글을 읽고, 생각을 표현하는 방법을 다각도로 훈련할 수 있도록 구성하였습니다.

이 책에서 출제된 서술·논술형 문제 유형은 다음과 같습니다.

> "만약에 나라면 어떻게 했을지 쓰세요." 균형, 비판

> "왜 그런 행동(말)을 했을지 쓰세요." 공감, 논리

> "다음과 같은 상황에 처했을 때 주인공은 어떻게 했을지 쓰세요." 창의, 비판

> "등장인물에게 나는 어떤 말을 해 주고 싶은지 쓰세요." 공감, 균형

> "A와 B의 비슷한(다른) 점은 무엇인지 쓰세요." 논리, 비판

글을 읽을 때 생각이 자라지만, 생각한 바를 표현할 때에도 사고력은 더 확장됩니다. 꼼꼼하게 읽고, 중간중간 내용을 확인한 후에 전체적으로 읽은 내용을 정리해 봄으로써 생각을 다듬고 넓혀 갈 수 있습니다. 한 편의 글을 통해 주인공의 입장이 되어 보기도 하고, '나라면 어땠을까?'를 생각해 보는 연습이 논술에 해당합니다. 하나의 주제를 담고 있는 글을 읽고 내용의 옳고 그름을 판단하기도 하고, 글의 전체적인 맥락을 파악함으로써 논리적이고 비판적인 사고를 할 수 있습니다.

◀ **지도팁** 장문의 글을 써야 하는 논술 문제는 없지만, 자신의 생각을 마음껏 표현할 수 있게 유도해 주세요. 글로 바로 쓰는 게 어렵다면 말로 표현해 볼 수 있도록 지도해 주시기 바랍니다. 말로 표현한 것을 문장으로 다듬어 쓰다 보면, 생각한 것이 어느 정도 정리됩니다. 여러 번 연습한 후에 논리가 생기고, 표현력 또한 자라게 될 것입니다. 다소 엉뚱한 대답일지라도 나름의 논리와 생각의 과정이 건강하다면 칭찬을 아끼지 마십시오.

이렇게 활용하면 좋아요!

3학년을 위한 **5**권 / **6**권

3학년이면 이제 그림책보다는 글줄이 더 많은 이야기책을
읽을 수 있어야 합니다. 이야기책은 물론 다양한 주제와
소재를 다루고 있는 비문학 글도 접하는 것이 좋습니다.

관심 있는 주제의 이야기를 읽은 후에는
관련 도서를 더 찾아보는 것을
추천합니다.

🌸 공부 계획 세우기

13쪽
권별 전체 학습 계획

**주차 학습
시작 페이지**
주별 학습 확인

한 주에 한 편씩, 5일차 학습 설계

학습자의 읽기 역량에 따라 하루에 1~2일차를 이어서 할 수도 있고, 1일차씩 끊어서 학습할 수도 있습니다.
계획한 대로 학습이 이루어졌는지 자기 점검을 꼭 해 보세요.

🌸 학년별 특강 [갈래별 글쓰기]

국어과 쓰기 학습에 필요한 '갈래별 글쓰기' 연습을 통해 표현력을 키울 수 있도록 구성하였습니다.

그림일기를 시작으로 기행문, 논설문까지 국어 교과서에서 학년별로 다루는 다양한 갈래의 개념을 설명하고, 이를 구조적으로 쉽게 풀어서 쓸 수 있는 방법을 연습합니다.

◀ **지도팁** 쓰기에 취약한 친구들은 단계적으로 순서를 밟아 쓸 수 있도록 해 주세요.

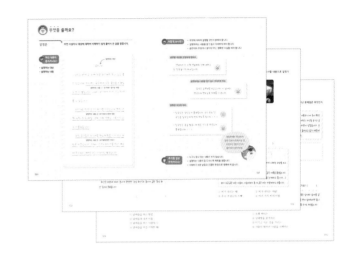

🌸 온라인 제공 [독서 노트]

길벗스쿨 홈페이지(www.gilbutschool.co.kr) 자료실에서 독서 노트를 내려받아 활용할 수 있습니다. 책을 읽고 느낀 점이나 인상 깊었던 점을 간략하게 쓰거나 그리고, 재미있었는지도 스스로 평가해 봅니다. 이 책에 제시된 글뿐만 아니라 추가로 읽은 책에 대한 독서 기록을 남길 수도 있습니다.

▶ **길벗스쿨 홈페이지** 독서 노트 내려받기

매일 조금씩 책 읽는 습관이

아이의 사고력을 키웁니다.

🌸 3단계 독서 프로그램

① 읽기 전

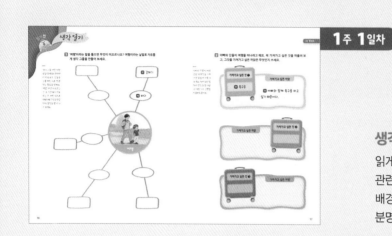

1주 1일차

생각 열기

읽게 될 글의 그림이나 제목과
관련지어서 내용을 미리 짐작해 본다거나
배경지식을 떠올리면서 읽는 목적을
분명히 하는 활동입니다.

② 읽는 중

1주 2일차

생각 쌓기

학습자의 읽기 역량에 따라 긴 글을
장면별로 끊어 읽기도 하고, 전후로 크게
나누어 읽어 봅니다. 부모님과 함께
소리 내어 읽어 보는 것은 어떨까요?

한줄톡! 은 읽은 글의 내용을 한 문장으로
요약해 보는 활동입니다.

③ 읽은 후

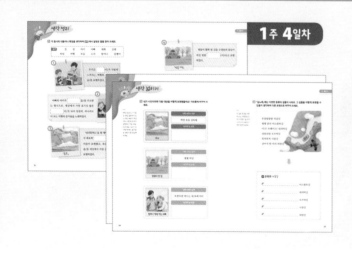

1주 4일차

생각 정리

글의 내용을 한눈에 정리해 보는 활동입니다.
장면을 이야기의 흐름대로 정리해 볼 수도
있고, 주요 내용을 채워서 이야기의
흐름을 완성할 수도 있습니다.

생각 넓히기

다양한 사고력을 필요로 하는 서술·논술형
문제들입니다. 글을 읽고 생각한 바를
다양한 방법으로 표현해 볼 수 있습니다.

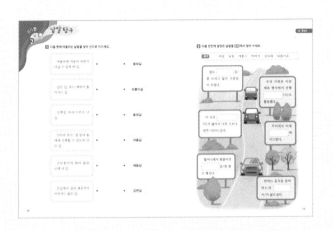

낱말 탐구

글에 나오는 주요 어휘를
미리 공부하면서 읽기를 조금 더 수월하게
이끌어 갑니다. 뜻을 모를 때에는
가이드북을 참고하세요.

1주 3일차

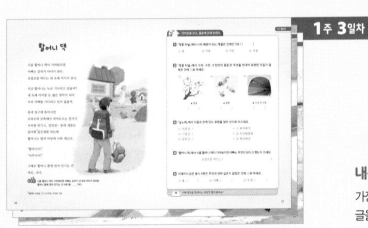

내용 확인 (독해)

가장 핵심적인 독해 문제만 실었습니다.
글을 꼼꼼하게 읽었는지 확인할 수 있습니다.

1주 5일차

배경지식 탐구 / 쉬어가기

읽은 글의 내용과 관련된 배경지식을
담았습니다. 주제와 연관된 추천 도서도
살펴볼 수 있습니다. 잠깐 쉬면서
머리를 식히는 코너도 마련했습니다.

독서 노트

읽은 책에 대한 감상평을 남겨 보세요.
별점을 매기며 종합적으로 평가해
보는 것도 좋습니다.

차례 보고 만드는 독서 다이어리

차례

* 한 주에 한 편씩 계획을 세워 독서 다이어리를 완성해 보세요.

자유롭게
적어 봐~

주차별	읽기 전	읽는 중	읽은 후	
글의 제목	생각 열기 낱말 탐구	생각 쌓기 내용 확인	생각 정리 생각 넓히기	독서 노트
예 ○주 글의 제목을 쓰세요.	3/3 😣 낱말이 어렵다 ㅠ-ㅠ	3/5	3/6 문제 다 맞음! ★ ★ ★	3/7	/
	/	/	/	/	/
	/	/	/	/	/
	/	/	/	/	/
	/	/	/	/	/

특강
갈래별 글쓰기

갈래 1	무엇을 쓸까요?	어떻게 쓸까요?	이렇게 써 봐요!
	/		/

갈래 2	무엇을 쓸까요?	어떻게 쓸까요?	이렇게 써 봐요!
	/		/

1주

동시 인문, 문화

📖 독서논술계획표

❯ 공부한 날짜를 쓰고, 끝마친 단계에는 V표를 하세요.

읽기 전			읽는 중					읽은 후		
	월	일		월	일		월	일	월	일
생각 열기		☐	생각 쌓기 1		☐	생각 쌓기 2		☐	생각 정리	☐
낱말 탐구		☐	내용 확인		☐	내용 확인		☐	생각 넓히기	☐

독서 노트   월   일

여행

신형건

※ 이 책에 실린 동시 6편(「짐」, 「여행」, 「폭포」, 「벚꽃 터널」, 「길노래」, 「할머니 댁」)은 신형건 작가님께서 쓰신 동시집 『여행』에서 가려 뽑은 것입니다.

1 '여행'이라는 말을 들으면 무엇이 떠오르나요? 여행이라는 낱말로 자유롭게 생각 그물을 만들어 보세요.

'생각 그물'이란 어떤 낱말(주제)과 관련해서 떠오르는 것들을 그물처럼 서로 연관 짓는 활동을 말해요. '여행' 하면 떠오르는 것, 또 그것에서 떠오르는 것. 이런 식으로 차례차례 선으로 연결하며 생각을 뻗어 나가 보세요.

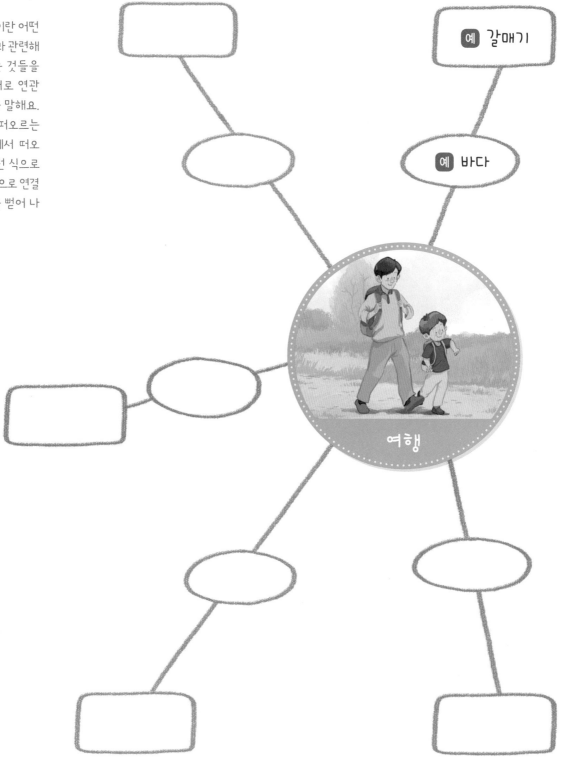

예 갈매기

예 바다

여행

2 아빠와 단둘이 여행을 떠나려고 해요. 꼭 가져가고 싶은 것을 떠올려 보고, 그것을 가져가고 싶은 까닭은 무엇인지 쓰세요.

●●●
아빠와 단둘이 여행 갔을 때 무엇을 가져가면 좋을지 떠올려 보세요. 아빠 대신 엄마나 친척 중 한 사람과 여행 가는 상황을 떠올려도 좋아요.

가져가고 싶은 것 ❶

예 축구공

가져가고 싶은 까닭

예 아빠와 함께 축구를 하고 싶기 때문이다.

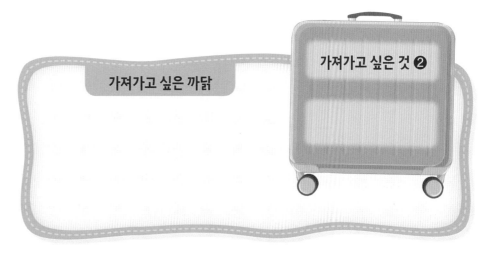

가져가고 싶은 것 ❷

가져가고 싶은 까닭

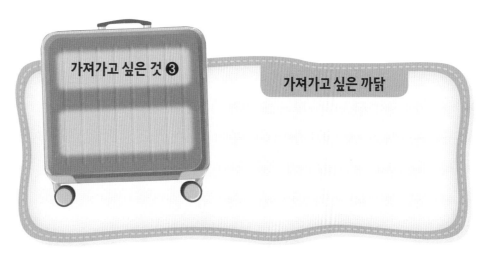

가져가고 싶은 것 ❸

가져가고 싶은 까닭

낱말 탐구

1 다음 뜻에 어울리는 낱말을 찾아 선으로 이으세요.

여울목에 자동차 따위가 다닐 수 있게 낸 길.	둘레길
굽은 길. 또는 에워서 돌아가는 길.	모롱이길
강변을 따라가면서 난 길.	올레길
산이나 호수, 섬 등의 둘레에 산책할 수 있도록 만든 길.	여울길
산모퉁이의 휘어 둘린 곳에 난 길.	에움길
큰길에서 집의 대문까지 이어지는 좁은 길.	강변길

2 다음 빈칸에 알맞은 낱말을 보기에서 찾아 쓰세요.

보기   여념   요원   개통식   막바지   실타래   되돌이표

철도 [   ]을/를 보려고 많은 사람들이 모였다.

우리 가족은 이번 체육 행사에서 진행 [   ](으)로 활동했다.

이 곡은 [   ]이/가 많아서 다른 곡보다 연주 시간이 길다.

무더위도 이제 [   ]에 이르렀다.

할머니께서 헝클어진 [   ]을/를 풀고 계신다.

엄마는 음식을 준비하느라 [   ]이/가 없으셨다.

짐

아빠, 참 이상해요.

배낭 가득 짐을 꾸렸는데

하나도 안 무거워요.

구름 위에 올라탄 듯

걸음이 사뿐사뿐해요.

숙제 걱정, 학원 걱정, 시험 걱정…

무거운 마음의 짐 모두

내려놓고 와서 그런가 봐요.

내 마음의 설렘이

빵빵한 배낭 속 짐을

헬륨 가스로 만들어 버렸나 봐요.

풍선처럼 두둥실−

떠오를 것만 같아요.

한줄톡! 무거운 ❶＿＿＿＿＿＿＿＿을/를 모두 내려놓아서 그런지
빵빵한 배낭 속 짐이 하나도 무겁지 않다.

✴**헬륨**: 공기 가운데 아주 적은 양이 들어 있으며, 아무 빛깔과 냄새가 없는 가벼운 기체.

여행

아빠,

왜 이렇게 천천히 가요?

응?

왜, 거북이처럼

느릿느릿 가냐고요.

이게 여행이지.

한 걸음 더 천천히 가는 거.

그러다 언제 도착해요?

이게 여행이지.

두어 시간쯤 더 늦게 도착하는 거.

아빠,

왜 그렇게 두리번거려요?

뭐?

왜, 자꾸 한눈을 팔고 있냐고요.

이게 여행이지.

하나라도 더 보는 거.

난 그게 그거 같아 지루한데…

치, 아빤 달팽이 같아!

바로 이게 여행이란다.

세상에서 가장 호기심 많은

달팽이가 되는 거.

 아빠는 여행이란 세상에서 가장 ❷ _____ 많은 달팽이가 되는 것이라고 생각한다.

폭포

누구의

웃음소리일까?

참 시원하게 웃는다.

산모퉁이를 돌자마자
비로소 나타난
하얀 웃음 실타래.

눈앞으로 확 풀어지더니
가슴속으로
내
리
꽂
히
는

세상에서 가장 큰
웃음소리.

 산모퉁이를 돌자마자 나타난 ❸_____이/가 하얀 웃음 실타래 같다.

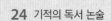

앞부분을 읽고, 물음에 답해 보세요.

1 「짐」에서 '무거운 마음의 짐'에 속하는 것을 모두 찾아 기호를 쓰세요.

> ㉮ 숙제 걱정   ㉯ 학원 걱정   ㉰ 여행 걱정   ㉱ 시험 걱정

 _____

2 「짐」에서 아이는 무엇이 배낭 속 짐을 헬륨 가스처럼 가볍게 만들었다고 생각했는지 빈칸에 알맞은 말을 쓰세요.

내 마음의 (   )

3 「여행」에서 아빠가 생각하는 여행으로 알맞지 않은 것은 무엇인가요? (   )

① 하나라도 더 보는 것이다.
② 한 걸음 더 천천히 가는 것이다.
③ 두어 시간쯤 더 빨리 도착하는 것이다.
④ 세상에서 가장 호기심 많은 달팽이가 되는 것이다.

4 「폭포」에서 '세상에서 가장 큰 웃음소리'는 어떤 소리를 말하는지 알맞은 것에 ○표 하세요.

(1)
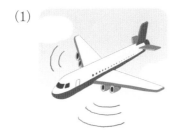
▲ 비행기 소리
(   )

(2)

▲ 폭포 소리
(   )

(3)

▲ 가족의 웃음소리
(   )

⭐ 이어서 다음 시를 읽어 보세요.

벚꽃 터널

아마 내일쯤 개통식인가 봐.
우리가 하루 먼저 도착했는지
터널 안엔 차 한 대 다니지 않고
사람들 하나도 보이지 않는데
누군가 분주하게
움직이는 소리 들리네.

너무나 많은 등을 켜 놓아서
터널 안은 벌써 눈부시게 환한데
더 밝혀야 할 등이 또 있나 봐.
안전모를 쓴 꿀벌 요원들이
여기저기 확인하러 다니느라
붕붕붕– 바람 자락을 일으키며
막바지 개통 준비에 여념이 없네.

✛분주하게: 몹시 바쁘게.

하루쯤 먼저 도착해서

구경하길 정말 잘했나 봐.

수천, 수만, 수천만의

저 꽃등들이 모두

활짝 켜지고 나면

이 눈부신 벚꽃 터널 안에선

실눈 뜨기조차 힘들 거야.

한줄톡! 길옆으로 벚꽃이 활짝 피어서 마치

④ _____ 을/를 지나가는 것 같다.

길노래

구불구불 고갯길

양떼구름 언덕길

굽이굽이 둘레길

✦산허리 감아 모롱이길

어디로 갈래 갈래길

다시 올래 올레길

우당탕퉁탕 자갈길

쌩쌩 달려 아스팔트길

이크! 브레이크! 내리막길

쉬엄쉬엄 오르막길

✦**산허리**: 산 둘레의 중간쯤 되는 곳.

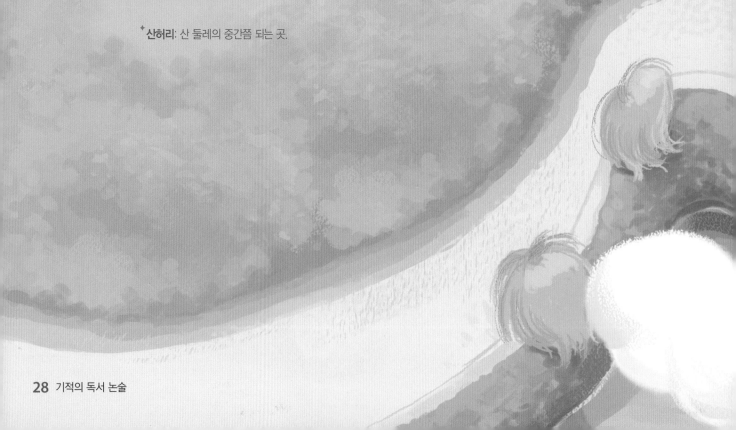

북적북적 시장길

강아지 한 마리 외딴길

졸졸졸 노래하자 여울길

거울 한번 보자 호숫가길

타박타박 에움길

빨리빨리 지름길

빠이빠이, 수양버들! 강변길

안녕, 해당화야! 바닷가길

구멍 숭숭 돌담길

와글와글 골목길

되돌이표 막다른길

한 줄 톡! 멀리 돌지 않고 빨리빨리 갈 수 있는 길은 ❺ _____ 이다.

할머니 댁

시골 할머니 댁이 가까워지면
아빠는 갑자기 아이가 된다.
조잘조잘 떠드는 내 또래 아이가 된다.

지금 할머니는 누굴 기다리고 있을까?
내 또래 아이를 둔 젊은 엄마가 되어
우리 아빠를 기다리고 있지 않을까.

동네 입구에 들어서면
모락모락 굴뚝에서 피어오르는 연기가
우리를 반기고, 컹컹컹- 동네 개들도
앞다퉈 알은체를 하는데
할머니는 벌써 마당에 나와 계신다.

"할머니이!"
"어무이이!"

그래도 할머니 품에 먼저 안기는 건
바로, 나다.

 시골 할머니 댁이 가까워지면 아빠는 갑자기 내 또래 아이가 되지만,
할머니 품에 먼저 안기는 건 바로 ❻ _____ 이다.

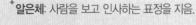

✦**알은체**: 사람을 보고 인사하는 표정을 지음.

✔ 뒷부분을 읽고, 물음에 답해 보세요.

1 「벚꽃 터널」에서 시의 배경이 되는 계절은 언제인가요? (   )

① 봄   ② 여름   ③ 가을   ④ 겨울

2 「벚꽃 터널」에서 '수천, 수만, 수천만의 꽃등'은 무엇을 빗대어 표현한 것일지 알맞은 것에 ○표 하세요.

(1)   (2)   (3)

▲ 벚꽃   ▲ 꿀벌   ▲ 터널 속 전등

(   )   (   )   (   )

3 「길노래」에서 다음과 관계 있는 표현을 찾아 선으로 이으세요.

(1) 자갈길 •   • ① 북적북적

(2) 시장길 •   • ② 우당탕퉁탕

(3) 골목길 •   • ③ 와글와글

4 「할머니 댁」에서 시골 할머니 댁이 가까워지면 아빠는 무엇이 된다고 했는지 쓰세요.

조잘조잘 떠드는 (   )

5 이제까지 읽은 동시 6편은 무엇과 관련 깊은지 알맞은 것에 ○표 하세요.

(1) 효 (   )   (2) 여행 (   )   (3) 우정 (   )

😊 이제 생각을 정리하고, 마음껏 펼쳐 볼까요?

생각 정리

1 각 동시의 내용이나 특징을 생각하며 **보기** 에서 알맞은 말을 찾아 쓰세요.

보기					
길	짐	아이	아빠	대화	설렘
터널	여행	모습	소리	할머니	달팽이

① 「짐」

무거운 [ ]이/가 가볍게 느껴지는, 여행의 [ ]을/를 표현하였다.

② 「여행」

아빠와 아이가 [ ]을/를 주고받는 형식으로, 세상에서 가장 호기심 많은 [ ]이/가 되어 천천히, 하나라도 더 보는 여행의 즐거움을 노래하였다.

③ 「폭포」

'내리꽂히는'을 한 행에 한 글자씩 써서 폭포의 [ ]을/를 눈에 보이듯이 표현했고, 폭포 [ ]을/를 세상에서 가장 큰 웃음소리라고 표현하였다.

「벚꽃 터널」

벚꽃이 활짝 핀 길을 수천만의 꽃등이 켜진 벚꽃 ☐☐☐☐(이)라고 표현하였다.

고갯길, 언덕길, 돌담길, 골목길 등 ☐☐☐☐☐을/를 하면서 만날 수 있는 다양한 종류의 ☐☐을/를 리듬감이 느껴지게 노래하듯이 표현하였다.

「길노래」

「할머니 댁」

시골 할머니 댁이 가까워지면 아이처럼 변하는 ☐☐☐☐, 미리 마당에 나와 계시는 ☐☐☐, 아빠보다 할머니 품에 먼저 안기는 ☐☐☐의 모습을 정답게 표현하였다.

1 내가 시인이라면 다음 대상을 어떻게 표현했을까요? 자유롭게 바꾸어 쓰세요.

●●●
어떤 현상이나 사물을 직접 설명하지 않고 다른 비슷한 현상이나 사물에 빗대어 설명하는 것을 '비유'라고 해요. 나라면 무엇에 빗대어 표현할 수 있을지 잘 생각해 보세요.

폭포

시에 나타난 표현
하얀 웃음 실타래

바꾸어 쓴 표현

벚꽃이 핀 길

시에 나타난 표현
벚꽃 터널

바꾸어 쓴 표현

할머니 댁에 가는 아빠

시에 나타난 표현
조잘조잘 떠드는 내 또래 아이

바꾸어 쓴 표현

2 「길노래」에는 다양한 종류의 길들이 나와요. 그 길들을 어떻게 표현할 수 있을지 생각하여 다른 표현으로 바꾸어 쓰세요.

• • •
각 길의 특징을 떠올
려 보고, 리듬감을 살
려 그 특징이 잘 드러
나게 시의 내용을 바
꾸어 표현해 보세요.

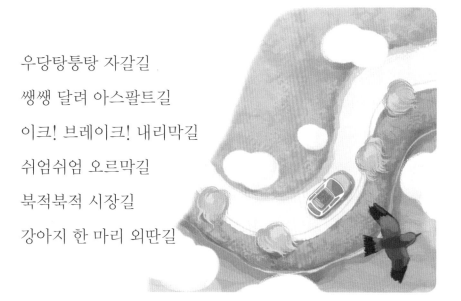

우당탕퉁탕 자갈길

쌩쌩 달려 아스팔트길

이크! 브레이크! 내리막길

쉬엄쉬엄 오르막길

북적북적 시장길

강아지 한 마리 외딴길

✎ _____ 아스팔트길

✎ _____ 내리막길

✎ _____ 오르막길

✎ _____ 시장길

✎ _____ 외딴길

3 「여행」 속 아이가 되어 아빠처럼 다음 질문에 답해 보고, 여행이란 무엇인지 짧게 표현해 보세요.

● ● ●
여행하는 까닭이나 목적을 잘 살리려면 어떤 방법으로 여행을 하면 좋을지 정리해 보세요. 그리고 그 방법을 아빠가 말한 형식에 맞추어 표현해 보세요.

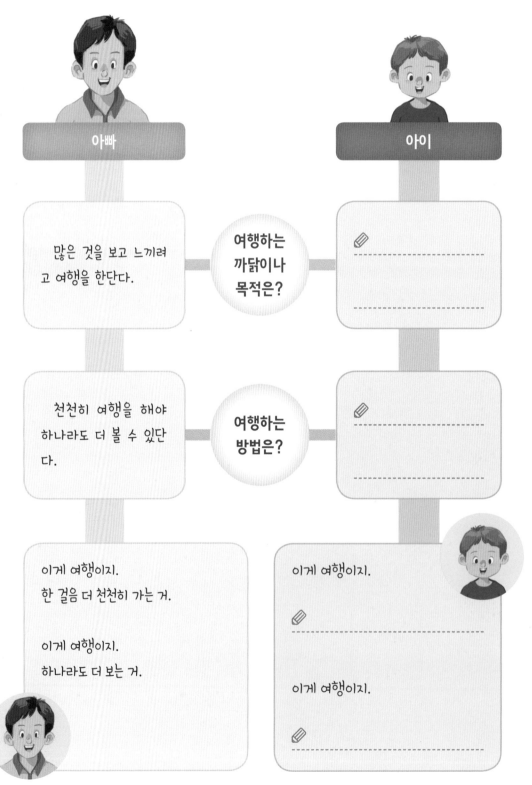

아빠

아이

많은 것을 보고 느끼려고 여행을 한단다.

여행하는 까닭이나 목적은?

천천히 여행을 해야 하나라도 더 볼 수 있단다.

여행하는 방법은?

이게 여행이지.
한 걸음 더 천천히 가는 거.

이게 여행이지.
하나라도 더 보는 거.

이게 여행이지.

이게 여행이지.

4 「짐」을 다시 읽고, 시의 내용과 비슷한 내 경험을 떠올려 보세요. 그 경험을 바탕으로 하여 시로 표현해 보세요.

평소라면 힘들어했을 일인데 조금도 힘들지 않게 느껴졌던 경험이 있나요? 그 경험을 떠올려 시를 써 보세요.

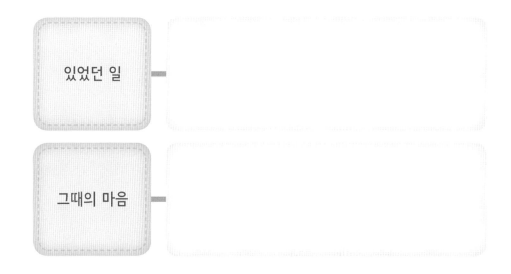

있었던 일

그때의 마음

꼭 챙겨야 할 여행 준비물

여행지에 도착했을 때 미처 챙기지 못한 물건이 있어서 곤란했던 경험이 있었나요? 여행을 떠날 때 꼭 챙겨야 할 물건에는 어떤 것들이 있는지 알아보아요.

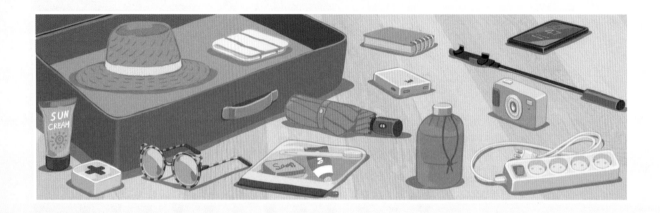

변덕스러운 날씨에 대비하려면 모자, 선글라스, 선크림, 손수건, 우산 등이 꼭 필요해요. 또 여행의 즐거움과 추억을 기록하려면 사진기와 셀카봉 등은 늘 지니고 다녀야겠죠?

스마트폰이나 사진기를 많이 사용하는 경우에는 보조 배터리를 따로 준비해 두는 것이 좋답니다. 급하게 충전하려면 마땅한 곳이 없어 난처한 상황에 빠질 수 있기 때문이에요. 또, 여행하는 인원이 많으면 숙소에 콘센트가 부족해서 당황스러운 경우도 있어요. 이럴 때에 대비해서 작은 멀티탭 하나만 챙겨도 아주 유용하지요.

여행을 하다 보면 뜻하지 않게 다칠 수도 있고 평소보다 많이 걸어서 발이나 다리가 부을 수도 있어요. 이런 경우에 대비해서 각종 상비약 등도 반드시 챙겨야 해요.

이런 책도
있어요
엄기원, 『삼월의 기차 여행』, 한국문학방송, 2016
윤석중, 『윤석중 선생님과 함께하는 동시 여행』, 아이북, 2010
정유경, 『파랑의 여행』, 문학동네, 2018

두 눈을 크게 떠요! 집중력 테스트

[난이도: 상 중 하]

✿ 산더미처럼 쌓인 물건들 속에서 아이가 잃어버린 8개의 물건을 찾아보세요.

• 정답은 가이드북 13쪽을 확인하세요.

2주

명작 동화 인문, 사회

🏅 독서논술계획표

⤷ 공부한 날짜를 쓰고, 끝마친 단계에는 V표를 하세요.

읽기 전			읽는 중				읽은 후		
	월	일		월	일		월	일	
생각 열기		☐	생각 쌓기 1		☐	생각 쌓기 2		☐	
낱말 탐구		☐	내용 확인		☐	내용 확인		☐	

읽은 후

	월	일
생각 정리		☐
생각 넓히기		☐

독서 노트   월   일

마녀의 빵

오 헨리

1 빵은 먹는 것 외에 또 어디에 쓰일 수 있을까요? 나라면 빵을 어디에 또 쓰고 싶은지 자유롭게 생각하여 쓰세요.

• • •
빵은 부드럽거나 바삭하고 물이나 기름을 잘 빨아들이지요. 또 손으로 조몰락거리면 잘 뭉쳐지기도 해요. 이와 같은 빵의 성질을 이용해 또 무엇을 할 수 있을지 자유롭게 상상하여 보세요.

2 빵 이름이 '마녀의 빵'이래요. 어떤 빵이기에 그런 이름이 붙었을지 상상하여 쓰세요.

• • •
마녀란 유럽 등의 전설에 나오는 여자로, 주문과 마술을 써서 사람에게 불행이나 해를 가져다준다고 해요. 누군가 빵에 '마녀의 빵'이라는 이름을 붙였다면 그 까닭은 무엇일지 자유롭게 상상하여 보세요.

마녀의 빵

3 화가와 건축 설계사는 어떤 일을 하는 사람일까요? 각 직업과 관계 있는 것을 찾아 선으로 이으세요.

● ● ●

화가와 건축 설계사는 어떤 점이 비슷하고 어떤 점이 다른지 잘 생각해 보세요.

화가

건축 설계사

건물의 형태, 구조, 재료, 공사 방법 따위를 정하고 설계도를 작성한다.

다양한 재료를 써서 인물이나 풍경 따위를 그리거나 작품을 창작한다.

연필로 그림을 그린다.

연필로 설계도를 그린다.

낱말 탐구

1 다음 그림을 보고 설명하는 낱말을 찾아 ○표 하세요.

원근법 **점묘법** : 물체와 공간을 눈으로 보는 것과 같이 멀고 가까움을 느낄 수 있도록 평면 위에 표현하는 방법.

포스터 **공모전** : 여러 사람에게 널리 알려 모집한 작품의 전시회.

완성 **미완성** : 아직 덜 됨.

팔레트 **붓** : 수채화나 유화를 그릴 때에, 그림물감을 짜내어 섞기 위한 판.

2 다음 문장에 어울리는 낱말을 찾아 ○표 하세요.

그는 마음 오지랖 이 넓어서 남의 일에 늘 이래라저래라 간섭한다.

친구 그리기 대회에 응모 모집 해 보려고 한다.

독일어는 다른 언어 보다 억양 석양 이 세고 딱딱하다.

귀를 찢는 듯한 굉음 졸음 이 들려왔다.

엄청난 실수를 하는 바람에 같이 일하던 사람에게 발 멱살 을 잡히고 말았다.

농수산물 시장에서는 하루도 빠짐없이 경기 경매 가 벌어진다.

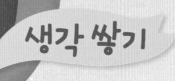

읽는 중

생각 쌓기

🔎 마사 양이 블럼버거 씨를 어떻게 바라보고 있는지, 또 그것이 어떤 결과를 가져왔는지 생각하며 읽어 보세요.

마녀의 빵

오 헨리

  마사 양은 길모퉁이에 있는 조그마한 건물에서 빵집을 하고 있었습니다. 계단을 세 개쯤 올라가 문을 열면, 딸랑딸랑 종소리가 울리는 아담한 가게였습니다.

  마사 양의 나이는 마흔 살이었습니다. 나이는 여느 처녀들보다 많았지만, 은행에 제법 많은 돈을 예금해 둔 부자인 데다가 마음씨도 따뜻한 아가씨였습니다. 하지만 아직 결혼은 생각하지 않았습니다.

  언제부터인가 마사 양의 빵집을 매주 두세 번쯤 들르는 손님이 한 사람 있었습니다. 마사 양은 점차 그 손님에게 관심을 가지게 되었습니다.

그 손님은 안경을 썼고, 턱에 난 갈색 수염을 언제나 말끔하게 정리하고 다니는 40대 남자였습니다. 그는 독일 억양이 강한 말투에 여기저기 기운 헐렁하고 구겨진 옷을 입고 있었습니다. 하지만 언제나 예의가 바르고 깔끔해 보였습니다.

그 손님은 늘 딱딱하게 굳은 묵은 식빵 두 덩이를 사 갔습니다. 갓 구운 빵은 하나에 5센트지만, 하루 지난 묵은 빵은 그 반값이었습니다. 그는 언제나 묵은 빵만 찾았습니다.

언젠가 마사 양은 그의 손가락에 붉은 갈색 얼룩이 묻어 있는 것을 보았습니다. 그때부터 마사 양은 그가 아주 가난한 화가라고 믿게 되었습니다. 그는 아마도 어느 허름한 다락방에서 그림을 그리고, 굳은 식빵을 씹으면서 빵집에 있는 맛있는 빵들을 떠올리고 있을 것이라 생각하게 되었습니다.

마사 양은 맛있는 소스를 뿌린 채소 위에 두툼한 고기를 얹은 빵과 따뜻한 차를 곁들인 식사를 할 때면 가끔 그 남자를 떠올렸습니다. 예의 바른 그 예술가가 썰렁한 다락방에서 딱딱한 식빵을 먹는 대신 자신과 함께 이 맛있는 식사를 한다면 얼마나 좋을까 하고 아쉬워했습니다. 앞서 말했다시피 마사 양은 아주 다정한 여자였습니다.

 한줄톡! 마사 양은 늘 딱딱하게 굳은 묵은 식빵을 사 가는 손님이 아주 가난한 ❶ ＿＿＿＿＿＿＿＿ 일 것이라고 생각했습니다.

───

✦**센트**: 미국, 캐나다, 오스트레일리아, 뉴질랜드, 싱가포르, 홍콩 등의 화폐 단위.

어느 날 마사 양은 그가 정말 화가인지 알아보려고 한 가지 꾀를 내었습니다. 예전에 경매로 사 두었던 그림 한 점을 방에서 가져와 빵 진열장 뒤쪽 선반 위에 걸어 놓은 것입니다.

그 그림은 베네치아의 풍경을 그린 것이었습니다. 아름다운 호수와 화려한 대리석 궁전, 작은 곤돌라에 앉아서 호수 물에 손을 담그는 여인 그리고 구름과 하늘이 그려진 그림이었습니다. 또 원근 기법이 많이 사용되어, 틀림없이 화가의 눈에 띌 만한 것이었습니다.

이틀이 지나 그 남자 손님이 다시 마사 양의 빵집을 찾아왔습니다.

"오늘도 식빵 묵은 것으로 두 덩이만 싸 주세요."

마사 양이 식빵을 싸고 있을 때였습니다. 남자 손님이 말했습니다.

"괜찮은 그림을 가지고 계시네요, 부인."

"그런가요?"

마사 양은 자기가 생각했던 대로 그 남자가 그림을 보자, 속으로 기뻐하며 말했습니다.

[*]**베네치아**: 이탈리아 북부 아드리아해 북쪽 해안에 있는 항구 도시.
[*]**곤돌라**: 이탈리아 베네치아의 명물인 작은 배.

"전 미술과 화……."

마사 양은 잠시 말을 멈추었습니다. 하마터면 '화가'라는 말을 내뱉을 뻔했기 때문입니다. 아직 화가라는 말을 하기에는 이른 것 같았습니다. 마사 양은 '화가' 대신 그림으로 바꾸어 말했습니다.

"전 그림을 좋아하는 편이에요. 저 그림이 좋은 그림인가요?"

그는 알아들을 수 없는 말로 뭐라고 답했습니다. 하지만 좋은 그림이라는 뜻은 아니었습니다.

"원근법이 틀렸네요. 그럼, 안녕히 계십시오. 부인."

그 남자는 마사 양에게 식빵을 건네받자마자, 인사를 하고 서둘러 밖으로 나가 버렸습니다.

'그래, 저 사람은 화가가 분명해. 틀림없어.'

마사 양은 그림을 다시 방에 들여놓았습니다.

"아, 자상하고 친절한 목소리, 게다가 원근법이 틀린 것을 한눈에 알아보다니, 정말 훌륭해. 그런데 왜 늘 묵은 식빵만 사 먹는 걸까? 그래, 천재는 인정을 받기 전까지 고생을 하기 마련이잖아."

 한줄톡! 남자 손님이 그림을 보고 ❷ _____이/가 틀린 것을 한눈에 알아보자, 마사 양은 남자 손님이 화가가 분명하다고 여겼습니다.

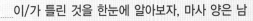

마사 양은 일주일에 두세 번쯤 찾아오는 남자 손님의 얼굴을 떠올리며 미소를 지었습니다.

"그 사람, 어쩜 그렇게 멋있을까? 그이라면 내 모든 것을 걸어도 전혀 아깝지 않을 거야!"

그 남자는 빵집에 올 때마다, 진열장을 사이에 두고 마사 양과 잠깐씩 이야기를 나누다가 돌아가는 일이 잦아졌습니다. 그 역시 마사 양이 싫지는 않은 눈치였습니다.

하지만 그는 여전히 묵은 식빵만 사 갔습니다. 케이크나 파이, 마사 양이 가장 잘 만드는 부드러운 쿠키는 한 조각도 사 가는 법이 없었습니다.

게다가 그는 요사이 점점 야위어 가고 기운이 없어 보였습니다. 마사 양은 맛있는 음식을 만들어 주고 싶은 마음이 더 굴뚝같았습니다. 하지만 그럴 수가 없었습니다. 마사 양은 예술가들의 자존심이 얼마나 강한지 잘 알고 있었기 때문입니다.

이때부터 마사 양은 파란 물방울무늬가 그려진 비단 블라우스를 꺼내 입었습니다. 중요한 일로 외출할 때만 입는 아끼는 옷이었습니다. 게다가 늘 민낯이던 얼굴에 화장을 하기 시작했습니다.

 한 줄 톡! 마사 양은 점점 야위어 가고 기운이 없어 보이는 남자 손님에게 ❸ _____ 을/를 만들어 주고 싶은 마음이 생겼습니다.

✦**민낯**: 화장을 하지 않은 얼굴.

글의 앞부분을 읽고, 물음에 답해 보세요.

1 마사 양에 대한 설명으로 알맞지 <u>않은</u> 것은 무엇인가요? (　　　　)

① 가난하다.　　　　　　　② 마흔 살이다.

③ 빵집을 하고 있다.　　　　④ 마음씨가 따뜻하다.

2 마사 양이 다음과 같이 믿게 된 계기는 무엇이었는지 알맞은 것에 ○표 하세요.

남자 손님은 아주 가난한 화가일 거야.

(1) 남자 손님이 그림 그리는 모습을 직접 보아서 (　　　　)

(2) 남자 손님이 베네치아의 풍경을 그린 그림을 선물해 주어서 (　　　　)

(3) 남자 손님의 손가락에 붉은 갈색 얼룩이 묻어 있는 것을 보아서 (　　　　)

3 마사 양이 빵집에 베네치아의 풍경을 그린 그림을 걸어 놓은 까닭은 무엇인지 빈칸에 알맞은 말을 쓰세요.

(　　　　　　　　)이/가 정말 (　　　　　　　　)인지 알아보려고

4 남자 손님 때문에 마사 양에게 생긴 변화와 관련 있는 것을 두 가지 찾아 기호를 쓰세요.

㉮ 화장　　㉯ 예금　　㉰ 진열장　　㉱ 물방울무늬 비단 블라우스

✏️_____

⭐ 이어서 다음 글을 읽어 보세요.

그러던 어느 날이었습니다. 그 남자는 여느 때처럼 마사 양의 빵집을 찾아왔습니다. 진열장 위에 5센트짜리 동전을 내놓고는 묵은 식빵을 주문했습니다. 마사 양이 식빵을 꺼내려는 참이었습니다. 갑자기 요란한 경적 소리와 함께 소방차가 굉음을 내며 가게 앞을 지나갔습니다.

"이게 무슨 일이지?"

그 남자는 재빨리 창가로 가서 호기심 어린 눈빛으로 떠들썩하게 지나가는 소방차를 내다보았습니다.

그때 좋은 생각이 그녀의 머릿속을 번뜩 스치고 지나갔습니다.

'그래, 지금이 기회야!'

마사 양은 기회를 놓치지 않고 진열장 아래쪽 선반에 있던 버터를 꺼냈습니다. 우유 장사가 몇 분 전에 주고 간 아주 신선한 버터였습니다.

마사 양은 재빠르게 칼로 식빵 속을 깊숙이 갈랐습니다. 그 속에 버터를 듬뿍 밀어 넣고는 식빵을 다시 붙여 놓았습니다.

"어디에 불이 났나 봅니다."

소방차가 내던 요란한 소리가 아득히 멀어지자, 남자 손님은 마사 양에게 다시 다가왔습니다. 마사 양은 식빵을 종이로 둘둘 싸서 건네주었습니다.

그가 돌아가자, 마사 양은 한참 동안 빙긋이 웃었습니다. 두근대는 가슴이 좀처럼 진정되지 않았습니다.

'너무 속 보이는 짓을 한 건 아닐까? 아냐, 그렇지 않을 거야. 버터 좀 집어 넣었을 뿐인데. 숙녀답지 못한 짓이라고 할 수는 없지.'

마사 양은 그날 하루 종일 자신이 한 일을 생각하고 또 생각했습니다.

'다락방에 도착한 그이는 먼저 붓과 팔레트를 바닥에 내려놓을 거야. 그런 다음 식빵을 들고 아직 미완성인 그림 앞에 앉겠지. 점심으로는 딱딱한 식빵에 물을 먹을 거야. 식빵을 자르다가 속에 부드러운 버터가 들어 있다는 것을 알아차리겠지.'

🍎 **한줄톡!** 마사 양은 남자 손님이 산 식빵 속에 ❹ _____ 을/를 몰래 넣었습니다.

✦**숙녀**: 교양과 예의와 품격을 갖춘 현숙한 여자.

마사 양은 얼굴을 발갛게 물들인 채 즐거운 상상을 하고 있었습니다.

'그이는 빵 속에 버터를 몰래 넣은 내 마음을 알까?'

그때였습니다. 가게 앞문의 종소리가 거칠게 울렸습니다. 무척이나 화가 난 누군가가 들어서고 있었습니다.

마사 양은 얼른 가게 입구를 바라보았습니다. 두 남자가 서 있었습니다. 한 사람은 파이프 담배를 피우고 있었는데, 처음 보는 젊은 사람이었습니다. 나머지 한 사람은 마사 양이 상상하던 바로 그 남자였습니다.

그 남자의 얼굴은 벌겋게 달아올라 있었고, 머리는 마구 뒤엉켜 있었습니다. 그 남자는 불끈 쥔 두 주먹을 마사 양을 향해 사납게 흔들어 댔습니다.

"이 오지랖 넓은 여편네야!"

남자는 마사 양에게 독일어로 고함을 쳤습니다.

"이런 마녀 같으니라고!"

젊은 남자는 그를 말리며 데리고 나가려 했습니다.

"안 돼. 어떻게 그냥 넘어가!"

화가 머리끝까지 난 남자는 계산대를 주먹으로 내리치며 말했습니다.

"이봐, 당신이 다 망쳐 놓았단 말이야."

안경 너머로 그의 눈이 이글거리고 있었습니다.

"알겠냐고, 이 ✦물색없이 고약한 여자야!"

깜짝 놀란 마사 양은 비틀거리며 진열장에 기대어 섰습니다. 한 손으로는 아끼는 비단 블라우스를 움켜잡은 채였습니다. 같이 온 젊은 남자는 그의 멱살을 붙들며 말했습니다.

"그만해요, 이쯤 했으면 됐어요!"

젊은 남자는 여전히 화가 풀리지 않은 그를 밖으로 끌어내고는 다시 안으로 들어왔습니다.

 화가 난 남자 손님은 계산대를 주먹으로 내리치며 마사 양에게 ❺ _____ 을/를 쳤습니다.

✦**물색없이**: 말이나 행동이 형편이나 조리에 맞는 데가 없이.

"부인, 저분이 왜 그러는지 말씀드려야겠네요. 부인의 인정이 지나치셨던 것 같습니다. 저 독일 사람은 '블럼버거'라고 합니다. 건축 설계사지요."

"건축 설계사라고요?"

"네, 그리고 전 저분과 같은 사무실에서 일하고 있어요. 블럼버거 씨는 지난 석 달 동안 시청의 설계도 공모전에 응모할 설계도를 죽어라 그렸답니다. 어제 잉크로 선을 긋는 작업을 다 끝냈지요. 그건 아시죠? 설계도는 먼저 연필로 밑그림을 그리고 그 위에 잉크로 선을 덧그린다는 것 말입니다. 그런 다음 연필 선은 굳은 식빵을 한 움큼씩 떼서 문질러 지워요. 묵은 식빵이 지우개보다 훨씬 낫거든요."

젊은 남자는 잠시 머뭇거리다가 다시 말을 이었습니다.

"블럼버거 씨는 그 식빵을 사무실에서 가까운 부인의 가게에서 사다 쓰고 있었습니다. 이제 아셨겠지만, 부인이 몰래 넣으신 그 버터가……. 이제 블럼버거 씨가 그린 설계도는 아무짝에도 쓸모없는 것이 되어 버렸습니다."

두 남자가 돌아간 뒤, 마사 양은 방 안으로 들어갔습니다. 마사 양은 입고 있던 비단 블라우스를 벗어 던지고 화장품도 쓰레기통에 버렸습니다.

 블럼버거 씨는 지난 석 달 동안 ❻ _____ 을/를 설계도의 연필 선을 지우는 데 사용했습니다.

글의 뒷부분을 읽고, 물음에 답해 보세요.

1 마사 양이 남자 손님의 식빵 속에 몰래 버터를 넣은 까닭은 무엇인가요? (   )

① 남자 손님을 좋아해서

② 남자 손님에게 식빵을 더 비싸게 팔기 위해서

③ 남자 손님이 그린 설계도를 망치게 하고 싶어서

④ 남자 손님이 버터를 넣은 식빵을 좋아하는지 궁금해서

2 남자 손님의 진짜 직업은 무엇이었는지 쓰세요.

3 남자 손님이 마사 양에게 마구 화를 낸 까닭으로 알맞은 것의 기호를 쓰세요.

> ㉮ 마사 양이 자신을 좋아한다는 사실이 불쾌해서
>
> ㉯ 식빵이 너무 딱딱하게 굳어 도저히 쓸 수 없어서
>
> ㉰ 식빵 속에 든 버터 때문에 공모전에 낼 설계도를 망쳐서

4 식빵 속에 버터를 넣은 행동은 마사 양과 남자 손님에게 각각 어떤 뜻으로 여겨졌을지 알맞게 선으로 이으세요.

(1) 마사 양   •   • ① 설계도를 망친 재앙

(2) 남자 손님(블럼버거 씨) •   • ② 따뜻한 인정과 배려

이제 생각을 정리하고, 마음껏 펼쳐 볼까요?

생각 정리

1 마사 양이 생각한 것과 실제 남자 손님의 상황은 어떻게 달랐나요? 같은 일이 어떻게 다르게 풀이될 수 있는지 정리하여 빈칸에 알맞은 말을 쓰세요.

마사 양의 생각

남자 손님의 상황

①

가난한 ☐ (이)라 돈이 없어서 딱딱하게 굳은 묵은 식빵을 산 것이다.

남자 손님은 매주 두세 번쯤 빵집에 들러 늘 딱딱하게 굳은 묵은 식빵을 사 갔다.

☐의 연필 선을 지우기 위해 딱딱하게 굳은 묵은 식빵을 산 것이다.

②

그림을 그리다 묻은 것이다.

남자 손님의 손가락에 ☐ 얼룩이 묻어 있었다.

설계도를 그리다 묻은 것이다.

③

화가라서 원근법에 대해 잘 아는 것이다.

남자 손님은 베네치아의 풍경이 그려진 그림을 보고 ☐ 이/가 틀린 것을 한눈에 알아보았다.

마사 양의 생각

남자 손님의 상황

4

남자 손님은 케이크나 파이, 부드러운 쿠키는 한 조각도 사 가는 법이 없었다.

케이크나 파이, 쿠키는 설계도의 〔　　　〕을/를 지우는 데 필요가 없기 때문에 사지 않은 것이다.

5

맛있는 음식을 제대로 먹지 못해서 야위고 기운이 없는 것이다.

남자 손님은 요사이 점점 야위어 가고 〔　　　〕이/가 없어 보였다.

석 달 동안 시청의 설계도 〔　　　〕에 응모할 설계도를 그리느라 야위고 기운이 없는 것이다.

6

점심으로 먹으려고 딱딱한 식빵을 자르다가 그 속에 부드러운 버터가 들어 있다는 것을 알아차릴 것이다.

마사 양은 남자 손님을 위해 식빵 속에 〔　　　〕을/를 몰래 넣었다.

〔　　　〕이/가 들어 있는 식빵으로 지우는 바람에 석 달 동안 그린 〔　　　〕을/를 망치고 말았다.

생각 넓히기

1 『마녀의 빵』에서 다음과 같은 역할을 한 물건은 무엇인지 보기 에서 찾아 기호를 쓰세요.

글의 내용이 되는 재료를 '글감' 또는 '소재'라고 해요. 제시된 글감들은 글 속에서 어떤 역할을 하는지, 각각의 글감이 등장하게 된 까닭은 무엇인지 잘 생각해 보세요.

보기

㉮ 묵은 식빵

㉯ 베네치아 풍경 그림

㉰ 버터를 몰래 넣은 묵은 식빵

㉱ 파란 물방울무늬 비단 블라우스

마사 양과 남자 손님(블럼버거 씨)이 만나게 되는 계기가 된 물건이다.

남자 손님에게 예쁘게 보이고 싶은 마사 양의 마음을 표현해 주는 물건이다.

마사 양이 남자 손님(블럼버거 씨)이 화가인지 알아보려고 이용한 도구이자, 화가라고 믿게 만든 물건이다.

마사 양과 남자 손님(블럼버거 씨)의 사이가 멀어지게 만든 물건이다.

2 나라면 다음과 같은 상황에서 어떻게 행동했을지 알맞은 까닭을 들어 가며 쓰세요.

···

나라면 주어진 상황에서 어떻게 행동했을지 떠올려 보고, 그렇게 행동한 까닭은 무엇일지 정리하여 써 보세요.

내가 마사 양이라면 남자 손님(블럼버거 씨)을 위해 어떻게 했을까요?

난 가난해서 묵은 식빵만 사 가는 남자 손님을 위해 식빵 속에 신선한 버터를 몰래 넣어 주었어요.

나라면, _____

_____ 왜냐하면, _____

_____

_____

내가 남자 손님(블럼버거 씨)이라면 식빵 속에 버터를 넣어 설계도를 망치게 한 마사 양에게 어떻게 했을까요?

난 마사 양의 빵집에 찾아가 마녀 같은 여편네라며 마구 화를 냈지.

나라면, _____

_____ 왜냐하면, _____

_____

_____

3 『마녀의 빵』에 나오는 사람들은 '버터를 넣은 묵은 식빵'을 어떻게 생각할까요? 각자의 입장에 어울리게 빵 이름을 붙이고, 그렇게 이름을 붙인 까닭을 쓰세요.

각 인물들은 마사 양이 묵은 식빵에 몰래 버터를 넣은 사건을 어떻게 바라볼지 정리해 보고, 그에 어울리는 빵 이름을 지어 보세요.

남자 손님(블럼버거 씨)

• 빵 이름: 마녀의 빵

• 그 까닭: ✎ _____

_____

마사 양

• 빵 이름:

• 그 까닭: ✎ _____

_____

젊은 남자(블럼버거 씨의 동료)

• 빵 이름:

• 그 까닭: ✎ _____

_____

4 남자 손님(블럼버거 씨)이 마사 양을 고소했다면 어떻게 판결이 났을까요? 내가 판사라면 어떻게 판결했을지 판결문을 완성하세요.

고소란 피해를 입은 사람이 법원에 심판해 줄 것을 요구하는 것이에요. 또한 잘잘못을 판단하여 결정하는 것을 판결이라고 하지요. 마사 양의 행동이 유죄라고 생각하는지, 무죄라고 생각하는지 내 생각을 정리해 보고, 그에 알맞은 까닭을 써 보세요.

판결문

사　건: 버터 넣은 묵은 식빵 사건

피고인: 마사 양

주　문(판결의 결론): 마사 양은 (유죄 , 무죄)이다. ✎ ------------------

을/를 명한다.

판결 이유: ✎ --

-- 때문이다.

2000년 ○○월 ○○일

길벗스쿨 어린이 재판국

재판국장: ✎ ------------------------ ㉑

옛날에는 지우개 대신 식빵을 썼다고?

『마녀의 빵』에 나오는 블럼버거 씨는 설계도의 밑그림을 묵은 식빵으로 지웠어요. 굳은 식빵을 한 움큼 떼어 연필 선에 문지르면 지우개보다 훨씬 잘 지워졌기 때문이지요. 그런데 지우개가 없던 옛날에도 블럼버거 씨처럼 '식빵'을 지우개로 썼다는 사실을 아세요?

식빵을 어떻게 지우개처럼 쓸 수 있을까?

종이에 글씨를 쓸 수 있는 건 연필심에 들어 있는 검은 가루(흑연)가 종이에 달라붙기 때문이에요. 식빵을 뭉쳐서 지우개처럼 문지르면 이 연필 자국인 흑연 가루가 식빵에 달라붙어 종이에서 떨어져 나오게 된답니다. 그래서 식빵도 지우개처럼 쓸 수 있는 것이지요.

지금도 벽지에 묻은 연필이나 크레파스 얼룩, 목탄(나무를 구워서 만든 그림 도구)으로 그린 그림을 지울 땐 식빵을 사용하곤 해요.

지우개는 어떻게 만들어졌을까?

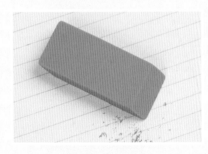

지우개는 영국의 조지프 프리스틀리라는 화학자가 우연히 발명하였어요. 그는 글 쓰는 것을 매우 좋아해서 책상 위에 항상 지우개로 쓸 식빵이 놓여 있었어요. 그런데 식빵은 부스러기가 너무 많이 생겨서 몹시 불편했답니다.

그러던 1770년 어느 날, 프리스틀리는 글을 쓰다 깊은 생각에 잠겼어요. 그는 무심코 식빵을 쥐어 글씨를 모두 지웠는데 부스러기가 많이 안 생긴 거예요. 깜짝 놀라 자신의 손을 바라보니, 식빵이 아니라 고무공이 들려 있었지요. 이 일을 계기로 해서 지우개란 물건이 탄생하게 되었답니다.

이런 책도 있어요

오 헨리, 『크리스마스 선물』, 민음사, 2016
오스카 와일드, 『행복한 왕자』, 창비, 2015
알퐁스 도데, 『알퐁스 도데』, 그린북, 2004

자유롭게 그려 봐요! 창의력 테스트

[난이도 : 상 ⭐중 하]

✿ 아빠가 귀여운 강아지 한 마리를 데려왔어요! 팻말에 강아지 이름을 지어 주고 강아지에게 선물할 포근한 집을 꾸며 보세요.

• 정답은 가이드북 13쪽을 확인하세요.

3주

창작 동화 사회, 문화

🏅 독서논술계획표

❯ 공부한 날짜를 쓰고, 끝마친 단계에는 V표를 하세요.

읽기 전			읽는 중					읽은 후		
	월	일		월	일		월	일		월	일
생각 열기		☐	생각 쌓기 1		☐	생각 쌓기 2		☐	생각 정리		☐
낱말 탐구		☐	내용 확인		☐	내용 확인		☐	생각 넓히기		☐

독서 노트　　월　　　일

숨바꼭질

김대조

생각 열기

1 친구들과 함께 숨바꼭질을 해 본 적이 있나요? 숨바꼭질을 했던 경험을 떠올려 다음 물음에 알맞은 말을 쓰세요.

친구들과 숨바꼭질을 했던 경험을 바탕으로 하여 술래가 되었을 때, 숨어 있을 때 기분이 어떠했는지 떠올려 보세요.

꼭꼭 숨어라. 머리카락 보일라.

술래가 나를 찾을까 봐 숨죽이고 있을 때면 얼마나 긴장되는지 몰라.

술래가 되었을 때 숨어 있는 친구를 한 명도 못 찾는다면 어떤 기분이 들까요?	

내가 숨어 있을 때 술래가 내 존재를 잊고 나를 찾지 않는다면 어떤 기분이 들까요?	

2 나에게 친구란 어떤 사람인가요? 내가 생각하는 친구란 무엇인지 보기 와 같이 쓴 다음, 친구가 있으면 어떤 점이 좋은지 세 가지만 쓰세요.

● ● ●
인디언 말로 친구란 '내 슬픔을 등에 지고 가는 사람'이라고 합니다. 나에게 친구란 어떤 사람인지 친구의 의미를 써 보고, 친구가 있어 참 좋다고 느꼈던 점을 세 가지만 떠올려 보세요.

보기

친구란
아무 이유 없이
좋은 사람이야.

친구란 ✐ _____

_____

_____ 사람이야.

친구가 있어 좋은 점

❶ ✐ _____

❷ ✐ _____

❸ ✐ _____

낱말 탐구

1 문장의 뜻이 통하도록 알맞은 낱말을 찾아 ○표 하세요.

이번 글짓기 대회에 참가 축가 하여 꼭 상을 타고 싶다.

앞으로 어떤 일이 벌어질지 전혀 예절 예상 을 할 수 없다.

권투 선수가 가슴을 혈통 정통 으로 맞고 쓰러졌다.

동생과 다투다가 엄마한테 핀잔 찻잔 을 들었다.

노인들을 속이고 의사 행세 행사 를 하던 사기꾼이 경찰에 붙잡혔다.

전기 에너지 부족 자태 사태 가 점점 심각해지고 있다.

2 밑줄 친 낱말과 바꾸어 쓸 수 있는 낱말을 찾아 ○표 하세요.

필통이 너무 비싸서 살까 말까 한참을 <u>망설였다</u>.

> 머뭇거렸다
>
> 망가졌다

형은 학교에서 돌아오자마자 책가방을 바닥에 <u>팽개쳤다</u>.

> 내다봤다
>
> 내던졌다

낮잠을 자던 동생이 갑자기 <u>황당한</u> 말을 해서 온 가족이 웃고 말았다.

> 황홀한
>
> 터무니없는

사람들이 많은 곳에서 방귀를 뀌는 바람에 <u>무안해서</u> 혼이 났다.

> 무식해서
>
> 부끄러워서

오랜만에 소꿉친구를 만나니 <u>어색해서</u> 서로 눈도 마주치지 못했다.

> 서먹해서
>
> 어두워서

숨바꼭질

김대조

"며칠 전에 '가족 소개 UCC 만들기 대회' 참가 접수가 끝났는데, 이번에 우리 반에서 두 가족이 참가해 주었어요. 그런데 마침 내일 국어 시간 수업 내용이 가족을 소개하는 내용이죠? 그래서 선생님이 미리 두 작품을 살짝 봤는데 둘 다 너무너무 잘 만들어서 내일 보여 주려고 해요."

"두 사람이 누구예요?"

아이들이 두리번거리며 웅성댔다.

"글쎄, 누굴까? UCC를 보면 아마 모두 입이 떡 벌어질걸? 깜짝 놀랄 작품을 보게 될 거니까 기대해도 좋아."

"이름만 가르쳐 주세요. 누가 참가했어요?"

"질문은 여기까지! 궁금증은 내일 해결됩니다."

쿠르르릉 쾅! 무언가 번쩍하고 내 머리 꼭지에 떨어졌다. 갑자기 벼락을 맞은 기분이다. 분명 선생님이 말한 두 작품 중 하나는 내가 만든 거다. 그걸 아이들이 본다고? 절대 안 될 일이다. 심장이 오랜만에 전력 질주를 시작했다. 밤도 아닌데 눈앞에 별이 뱅글뱅글 돌았다.

✦**전력 질주**: 모든 힘을 다하여 빨리 달림.

'안 돼, 막아야 해.'

언제부터인지 집게손가락의 손톱이 입속에 들어가 있었다. 하도 잘근잘근 물어뜯어서 손가락 끝이 씹다 만 껌처럼 보기 흉해졌다. 오늘은 손톱뿐만 아니라 손가락 끄트머리까지 송곳니 자국이 선명히 찍혔다.

'막아야 해! 절대 보여줄 수 없어!'

'꼭꼭 숨어. 머리카락 한 가닥이라도 들키면 안 돼!'

설마 우리 반 아이들이 그걸 보게 될 거란 생각은 눈곱만큼도 하지 않았다. 교육청에서 하는 대회니까 당연히 곧바로 작품이 교육청으로 가는 줄 알았다. 선생님이 그걸 보는 줄 알았다면 절대 만들지 않았을 것이다. 절대, 절대 그런 일은 없었을 거다. 손끝이 파르르 떨렸다. 다리도 저절로 덜덜덜 떨렸다. 얼굴은 화끈화끈 붉어지고 몸은 우주 공간에 붕 떠 있는 것처럼 아무런 힘을 줄 수 없다. 오늘은 심장뿐만 아니라 몸 어느 한 구석도 내 말을 듣지 않았다.

'방법이 있을 거야. 술래가 될 순 없어. 난 숨바꼭질 대장인데.'

그걸 만약 아이들이 본다면 나는 완전히 벌거벗은 술래가 되고 말 것이다. 어떻게 지켜온 대장 자리인데. 이대로 물러날 수는 없다. 아이들이 아무리 '못 찾겠다 꾀꼬리. 못 찾겠다 꾀꼬리'를 외쳐도 나는 꼭꼭 숨어야 한다.

수업을 모두 마치고 용기를 내어 선생님을 기다렸다. 아이들이 모두 가고 교실에는 선생님과 나만 남았다. 그런데 막상 선생님 앞에 서니 몸이 굳어 말이 나오지 않았다. 쭈뼛쭈뼛 서 있는데 선생님이 먼저 다가왔다.

"현주야, 무슨 할 말이라도 있니?"

"……."

 내일 국어 시간에 우리 반 아이들이 내가 만든 가족 소개 UCC를 본다면 나는 완전히 벌거벗은
❶ ＿＿＿＿＿＿ 이/가 될 것이다.

"현주야, 무슨 일 있어? 말해 봐. 괜찮아."

"……."

고개만 잘래잘래 흔들며 뒤돌아 나와 버렸다.

"현주야, 선생님한테 할 말 있었던 거 아니야?"

"아뇨."

손가락만 꼼지락대다가 할 말도 못 하고 나와 버렸다. 화가 났다. 내 모습을 자기 멋대로 보여 주려는 선생님에게 화가 났다. 싫은 걸 싫다고 말도 못 하는 나에게도 화가 났다.

"현주야, 잠깐만."

선생님이 불렀지만 그냥 모른 척 돌아보지 않았다. 나도 화가 났다는 걸 보여 주어야 하는데 이 방법밖에 없다. 나한테 먼저 말도 안 하고 그걸 아이들한테 보여 준다니. 선생님한테 이 정도 화는 내도 괜찮다는 생각이 들었다.

'따라라라라라라라 따라라라라라라라'

방문을 막 들어서는데 전화가 울렸다. 누군지 짐작가는 사람이 있었다. 망설이다 전화를 받았다.

"여보세요."

내 목소리가 가늘게 떨렸다.

"현주니?"

역시 내 짐작이 맞았다. 전화가 올 것 같았다. 예상했던 일이라 그런지, 아니면 익숙해져서 그런지 심장이 얌전히 있다.

"아까는 왜 그렇게 가 버렸니? 선생님도 너한테 할 말이 있었는데."

"전 할 말이 없었으니까요."

"혹시, UCC 때문에 그러니?"

"왜 선생님 마음대로 그걸 애들한테 보여 줘요?"

"그랬구나. 안 그래도 아까 그것 때문에 현주한테 미리 부탁을 하려고 했었는데. 선생님이 전화를 잘했구나."

선생님 앞에서는 한마디도 안 나오더니 전화기 앞에서는 말이 잘도 나왔다.

"그거 보여 주지 마세요."

나는 목소리를 최대한 낮게 깔며 말했다.

"현주야, 선생님이 미리 말을 안 해서 정말 화났나 보구나. 사과할게."

정말 미안함이 느껴지는 목소리였다. 한마디, 한마디가 또박또박 귓속으로 들어왔다. 선생님한테 사과를 받으니 기분이 이상했다. 지금껏 사과는 아이들이나 하는 건 줄 알았는데. 그대로 눈을 감으니까 넘어질 듯이 어지러웠다.

"아주 재미있게 잘 찍었던데? 일부러 그런 소리가 아니고 정말 너무 멋지게 잘 찍었어. 너무 좋아서 친구들도 보면 좋을 것 같아."

"그래도 싫어요."

"왜 싫은지 선생님한테 얘기해 줄래?"

"몰라요. 그냥 싫어요."

"그래도 현주야, 그걸 친구들한테 보여 주면 너한테도 참 좋을 것 같은데. 네가 좀 양보해 주지 않을래?"

"애들이 그거 보고 뭐라고 하면 선생님이 책임지실 거예요?"

"그런 게 걱정이었구나. 아주 즐겁고 행복한 가족의 모습을 잘 찍었던걸? 아이들도 좋아할 거야."

 선생님께서 전화를 걸어 사과하셨지만, 나는 친구들에게 ❷ _____ 을/를 보여 주기 싫었다.

"그렇지만 우리는……."

말을 하려다 말았다. 우리 가족이 부끄러운 건 아니지만 드러내고 싶지는 않다. 나 스스로 벌거벗은 술래가 될 필요는 없잖아?

"우리는……. 뭐?"

"우리는 아빠도 없잖아요. 식구도 모두 없는데 그걸 보면 아이들이 놀릴 거예요."

"현주가 그런 생각을 하고 있었구나. 식구가 왜 다 없니? 두 식구에 할머니까지 있던데. 오히려 다른 가족보다 한 명 더 있는 거지."

남들보다 한 명이 더 있는 거라고? 갑자기 엄마한테 미안한 생각이 들었다. 할머니한테도.

"안 돼요, 정말 안 돼요. 선생님."

"그래? 음, 아쉽지만 어쩔 수 없지. 현주가 정 그렇게 싫다면 말이야. 그런데 어쩌지? 벌써 아이들한테 두 편이라고 해 버려서 말이야."

"……."

"그래, 현주가 싫다면 안 할게. 그런데 현주야, 이번이 어쩌면 네가 지난번에 바랐던 것처럼 친구들과 훨훨 날아오를 수 있을 기회일지도 몰라. 내일까지 생각해 보고 마음이 바뀌면 살짝 말해 줄래?"

"네."

"그래, 끊자. 내일 봐."

"네, 안녕히 계세요."

 나는 우리 ❸ _____ 이/가 부끄러운 건 아니지만 친구들에게 드러내고 싶지는 않았다.

글의 앞부분을 읽고, 물음에 답해 보세요.

1 현주는 교육청에서 하는 어떤 대회에 참가했나요? (   )

　　① 가족 사랑 음식 만들기 대회
　　② 가족 소개 그림 그리기 대회
　　③ 가족 사랑 카드 만들기 대회
　　④ 가족 소개 UCC 만들기 대회

2 현주가 선생님께 화가 난 까닭으로 알맞은 것의 기호를 쓰세요.

> ㉮ 혼자 있고 싶은데 자꾸 전화를 하셔서
> ㉯ 자신이 만든 UCC를 보고 나서 친구들이 놀려서
> ㉰ 마음대로 자신이 만든 UCC를 친구들에게 보여 주겠다고 하셔서

3 현주는 다음과 같은 자신의 모습을 가리켜 무슨 대장이라고 생각하는지 쓰세요.

> 반 아이들에게 자신의 모습을 드러내지 않고 꼭꼭 숨는 것

 대장

4 현주가 만든 UCC에 나오지 <u>않는</u> 사람을 찾아 ○표 하세요.

(1)

▲ 엄마
(　　　)

(2)

▲ 현주
(　　　)

(3)

▲ 아빠
(　　　)

⭐ 이어서 다음 글을 읽어 보세요.

전화기 너머로 짧은 신호음이 이어졌다. 그래도 선생님이 내일이 되기 전에 전화를 해 줘서 다행이다. 그것은 선생님은 내 비밀을 웃음거리로 생각하지는 않는다는 증거였다.

전화를 내려놓고도 나는 자리에 앉지 못했다. 일부러 서 있은 건 아니지만, 왠지 방바닥에 앉아서는 안 될 것 같았다. 마음이 불안해서 엉덩이가 편안해지면 심장이 싫어할 것 같아서이다.

이걸 다행이라 해야 할지 모르겠다. 일단 UCC가 공개되는 건 막았으니 최악의 사태는 넘어간 셈이다. 하지만 분명 기뻐해야 할 일도 아닌 것 같다. 이렇게 마음이 불안한 걸 보면 말이다. 어쨌든 난 꼭꼭 숨어야 한다. 늘 그래 왔으니까.

"현주야, 뭐 하니? 들어가도 돼?"

미숙이가 왔나 보다. 방문이 열렸다.

"짠! 안녕? 나도 왔어."

혜진이도 함께 왔다. 오랜만에 혜진이가 놀러 왔다.

"뭐 하고 있었어?"

"그냥 아무것도 안 했어."

"재미없게."

미숙이가 입을 삐죽이며 핀잔을 놓았다. 그러고는 제집처럼 텔레비전을 켰다.

"이것도 재미없다. 오늘따라 왜 이렇게 할 일이 없을까?"

미숙이는 만화 채널을 몇 군데 돌리더니 이내 텔레비전도 꺼 버렸다. 리모컨을 팽개치고는 방바닥에 벌러덩 드러누웠다.

"혜진아, 너도 누워 봐. 맨바닥이 시원해. 현주 너도. 왜 그렇게 서 있니?"

완전히 주인 행세다. 그래도 밉지는 않다. 오히려 내가 닮고 싶은 뻔뻔함이다. 내가 갖지 못한 것을 미숙이는 많이 가지고 있다.

"이야! 정말 바닥이 더 시원하네."

세 사람이 납죽 엎드리니 방이 가득 찼다. 미숙이는 아예 양팔과 볼을 찰싹 붙여 인간 호떡이 되려고 했다.

"찬 바닥에 엎드리면 입 돌아간데이."

"하하하! 할머니랑 똑같다. 현주 너 요즘 성대모사 연구하니?"

할머니가 자주 하시는 말을 흉내 내 봤는데 아이들이 자지러지게 웃었다. 미숙이는 배를 잡고 깔깔대고, 혜진이는 방바닥을 뒹굴고 난리다.

"현주 넌 집에서는 이렇게 재미있으면서 왜 학교에선 그렇게 싸늘하게 구니?"

혜진이 물음에 그냥 웃고 말았다. 뭐라고 뾰족이 대답할 말이 없었다. 왜 그런지는 나도 잘 모르니까.

"처음엔 정말 황당하더라. 분명히 어제는 나랑 신나게 놀았으면서 학교에서는 아는 척도 안 하고, 인사를 해도 대답도 안 해서 말이야. 어떨 때는 내가 뭘 잘못한 게 있나 싶어 걱정도 했었어."

"그랬다면 미안해. 나도 어쩔 수 없었어."

"왜 어쩔 수가 없었어? 난 아직도 이해가 안 돼."

"오해는 하지 마. 미안해."

그동안 혜진이가 어지간히 서운했나 보다. 내친 김에 하고 싶은 말을 다 털어버리는 것 같다. 하지만 나는 해 줄 수 있는 말이 없다. 나도 정말 답을 모르니까.

 혜진이는 집에서는 재미있으면서도 학교에서는 ❹ _____ 구는 나를 이해할 수 없다고 말했지만, 나도 정말 답을 모르겠다.

"어휴! 뭘 그런 걸 가지고 그러니? 현주 애는 혼자 숨바꼭질 중이야. 그러니까 혜진이 네가 좀 참아라. 나도 다른 건 몰라도 그건 못 막겠더라."

방바닥에 찰싹 달라붙어서 호떡처럼 이리저리 몸을 뒤집던 미숙이가 나 대신 대답했다.

"그게 난 더 이해가 안 돼. 왜 그래?"

"그건 이해할 필요도 없어. 무엇 하러 힘들게 이해하려고 애쓰니? 그냥 사실을 그대로 받아들이면 돼. 그게 너나 나나 그리고 현주나 서로 도와주는 거야. 너도 좀 있다 보면 내 말뜻을 알게 될 거야."

역시 미숙이다. 내 고민을 한 방에 해결해 주었다. 내가 하고 싶은 말을 미숙이가 해 주니 속이 후련했다.

"내가 보기에는 뭐 이런 거 아닐까?"

"뭐?"

누가 나에 대해 이야기를 하면 항상 난 할 말이 없어진다. 지금도 혜진이가 자꾸만 내 이야기를 하려 드니까 끼어들 말이 없어졌다. 그렇다고 혜진이를 내쫓을 수도 없고, 그냥 둘이서 하는 이야기를 멀뚱히 들었다.

"누구한테 실컷 화를 내고 나면 웃긴 일이 있어도 무안해서 억지로 웃지도 못하고 괜히 인상 쓰고 있을 때 말이야. 아니면 엄마랑 싸우고 나서 미안한 마음에 말도 안 할 때. 현주도 그런 거 아니야?"

"맞는 것 같기도 하고, 아닐 것 같기도 하고……."

"아이 참! 그러니까 내 말은 웃고 싶어도 어색해서 못 웃겠고, 말하고 싶어도 어색해서 말 못 하는 그런 상태 말이야. 넌 그런 적 없어?"

"난 모르겠는데? 까짓 거 웃고 싶으면 웃고, 말하고 싶으면 말하면 되지, 왜 참냐? 근데 너 자꾸 그러면 현주 쟤 숨바꼭질 들어간다. 너무 캐묻지 마라. 봐, 벌써 말 안 하잖아."

"현주야, 정말 그래? 내 말이 맞지 않아? 내가 너무 핵심을 찔러서 뜨끔하지?"

"그만하라니까. 계속 그러면 나도 감당 못 해."

맞는 말이다. 틀린 말이 하나도 없다. 혜진이가 핵심을 제대로 찔렀다. 너무 정통으로 맞아서 머리가 띵할 정도다.

'웃고 싶어도 어색해서 못 웃고, 말하고 싶어도 어색해서 말을 못 한다. 실컷 화를 내고는 무안해서 괜스레 웃지도 못하고 인상을 쓴다.'

이제는 나도 내 문제를 알겠다. 해결할 자신은 없다.

"그래도 우린 친구잖아. 친구끼리 그 정도 말은 할 수 있지, 뭘 그러니? 친구는 좋은 거야. 얼마나 좋니? 이렇게 웃고 떠들고 소리치고. 아무 이유 없이 좋은 거. 내가 어떻게 해도 부끄러워하지 않아도 되는 거. 그게 바로 친구라고. 현주야, 안 그래?"

 혜진이는 내 문제에 대하여 ❺ _____ 을/를 제대로 찔러 말해 주었지만, 해결할 자신은 없다.

"알았어. 알아들었으니까 이제 그만해."

"어! 숨바꼭질 안 했네?"

"내가 뭐, 만날 숨바꼭질만 하는 줄 아냐?"

"난 또 아무 말 안 하고 있기에 긴장했지."

미숙이가 웃으며 말했다. 나도 슬쩍 웃으며 받아 주었다.

"거봐. 내 말이 맞지? 친구 좋다는 게 뭐니?"

"그래, 너 참 좋은 친구다. 그러니까 충고는 그만하세요."

우리 세 사람은 한바탕 웃고 말았다. 정말 하는 일 없이 시간이 잘도 흘러 갔다. 아이들이 돌아가고 난 후 혜진이의 말이 계속 머릿속에 맴돌았다.

만약에 문제가 풀리지는 않고 더 꼬이면? 그렇게 되면 숨바꼭질보다 더한 것을 해야 될지도 모르는데. 문제도 해결하지 못하고 숨바꼭질도 통하지 않는다면? 심장이 또 뜀박질을 하기 시작한다.

'내일까지 생각해 보고 마음이 바뀌면 살짝 말해 줄래?'

늦기 전에 선생님께 전화를 걸어야겠다. 내일 또 앞에 서면 말이 안 나올 것 같았다. 그래서 나는 용기를 내어 수화기를 들었다.

 한줄톡! 나는 고민 끝에 선생님께 전화를 걸려고 ❻ _____ 을/를 내어 수화기를 들었다.

글의 뒷부분을 읽고, 물음에 답해 보세요.

1 혜진이가 현주한테 서운했던 까닭으로 알맞지 않은 것을 찾아 기호를 쓰세요.

> ㉮ 미숙이랑만 친하게 지내서
>
> ㉯ 학교에서는 아는 척을 안 해서
>
> ㉰ 인사를 해도 대답도 하지 않아서

_____

2 혜진이가 말한 친구란 무엇인지 빈칸에 알맞은 말을 쓰세요.

> • 친구란 아무 ⬚ 없이 좋은 것이다.
>
> • 친구란 내가 어떻게 해도 ⬚ 하지 않아도 되는 것이다.

3 현주가 용기를 내어 수화기를 든 까닭은 무엇일까요? ( )

① 혜진이에게 사과하려고

② 반 친구들을 집으로 초대하려고

③ 가족 소개 UCC 대회에 참가했다는 것을 선생님께 알리려고

④ 가족 소개 UCC를 친구들한테 보여 줘도 좋다고 선생님께 말하려고

4 다음 밑줄 친 내용과 관련 있는 말에 ○표 하세요.

> 현주는 <u>자신을 존중하고 사랑하는 마음</u>이 부족해 보인다.

(1) 자괴감 ( ) (2) 자만심 ( ) (3) 자존감 ( )

이제 생각을 정리하고, 마음껏 펼쳐 볼까요?

생각 정리

1 현주에게 일어난 일을 정리하여 빈칸에 알맞은 말을 쓰세요. 그때 현주의 마음은 어떠했을지 알맞은 것을 모두 찾아 ○표 하세요.

일어난 일 / 현주의 마음

① 선생님께서 내일 국어 시간에 '⬚ 소개 UCC 만들기 대회'에 참가한 두 작품을 보여 주겠다고 말씀하셨다.

② 현주는 전화를 건 선생님께 왜 마음대로 자기 모습이 담긴 ⬚ 을/를 친구들에게 보여 주겠다고 하셨는지 따져 물었다.

③ 전화를 끊고 현주는 일단 UCC가 공개되는 최악의 ⬚ 은/는 막아서 다행이라고 생각했지만 마음 편히 자리에 앉지 못했다.

④ 혜진이는 집에서는 재미 있으면서 □ 에서 는 싸늘하게 구는 현주에게 서운한 마음을 드러냈다.

⑤ 미숙이가 나서서 □ 이/가 하고 싶은 말을 대신 해 줌으로써 □ 의 고민을 해결해 주었다.

⑥ 혜진이의 충고에 현주가 평소처럼 □ 을/를 하지 않고 웃음으로 받아 주자, 셋이 크게 웃었다.

⑦ 현주는 혜진이의 말을 되 뇌이다가 □ 께 마음이 바뀌었음을 알리려 고 수화기를 들었다.

1 현주와 선생님의 대화를 떠올려 보고, 그것을 바탕으로 하여 다음 물음에 답하세요.

• • •
현주의 마음을 헤아려 보고, 현주의 닫힌 마음을 열기 위해서 어떤 행동을 하는 게 좋을지 생각해 보세요.

● 현주는 왜 친구들에게 가족 소개 UCC를 보여 주기 싫었을까요?

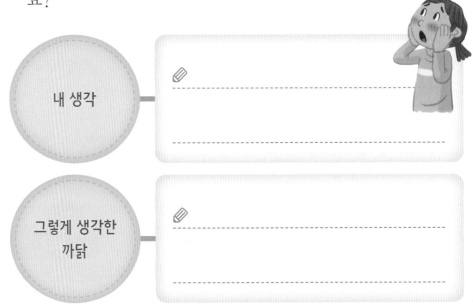

내 생각

그렇게 생각한 까닭

● 내가 선생님이라면 현주의 닫힌 마음을 열기 위해서 어떻게 했을까요?

내 생각

그렇게 생각한 까닭

2 내 주변에서 다음과 같은 친구를 본다면, 나는 어떻게 생각하고 행동했을지 쓰세요.

•••
내 주변에 현주 같은 친구가 있다면 나는 그 친구를 이해할 수 있을까요? 나라면 어떠했을지 생각해 보세요.

친구들에게 말을 걸지 않고 혼자 조용히 있는 친구

내 생각

내 행동

친구를 대하는 태도가 가정과 학교에서 전혀 다른 친구

내 생각

내 행동

3 혜진이와 미숙이는 학교에서 혼자 숨바꼭질을 하는 현주를 서로 다르게 바라봤어요. 내 생각은 누구와 비슷한지, 그렇게 생각하는 까닭은 무엇인지 쓰세요.

• • •

친구를 있는 그대로 이해해 주는 게 옳을까요? 아니면 친구가 더 나은 방향으로 갈 수 있도록 이끌어 주는 게 옳을까요? 내 생각을 정리하여 그렇게 생각하는 까닭을 써 보세요.

난 학교에서는 인사도 안 받아 주는 현주를 이해할 수 없어. 내가 어떻게 해도 부끄러워하지 않아도 되는 게 친구야. 그러니까 학교에서도 집에서와 똑같이 행동했으면 좋겠어.

혜진

미숙

힘들게 현주를 이해하려고 하지 마. 그냥 사실을 그대로 받아들이면 돼. 그게 친구로서 서로를 도와주는 거야. 그래서 나는 학교에서 인사를 하지 않는 현주를 있는 그대로 이해해 주어야 한다고 생각해.

내 생각

나는 (　　　　　　　　　　)이의 생각과 비슷하다.

그렇게 생각하는 까닭

✎

4 현주는 자신이 만든 UCC를 반 친구들에게 보여 주기로 마음을 바꿨어요. 그 뒷이야기는 어떻게 되었을까요? 자유롭게 상상하여 쓰세요.

앞부분의 이야기와 자연스럽게 연결되도록 뒷이야기를 꾸며 써 보세요.

● 수화기를 든 현주가 선생님께 어떤 말을 했을까요?

현주가 한 말

● 현주의 UCC를 보고 반 친구들은 어떤 반응을 보였을까요?

친구들의 말이나 행동

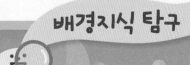

스스로를 존중하고 사랑하는 마음, 자존감

『숨바꼭질』에 나오는 현주는 혼자서 숨바꼭질을 하며 친구들과 말을 나누지 않습니다. 그래서 다른 친구들에 비해 자존감이 낮아 보이지요. 그런데 왜 다들 자존감은 높아야 좋다고 생각할까요? 과연 나는 자존감이 높은 편일까요, 낮은 편일까요?

자존감은 높을수록 좋은 걸까?

자존감이 높다는 것은 자신의 가치를 제대로 알고 스스로를 소중히 여긴다는 뜻입니다. 그렇기 때문에 자존감이 높은 사람들은 자기 앞에 놓인 어려운 일들을 쉽게 포기하지 않고 스스로 헤쳐 나가려고 노력하지요. 하지만 자존감도 높다고 무조건 좋은 것은 아니랍니다. 자존감이 지나치게 높으면 자만심이 되니까요. 따라서 균형 잡힌 건강한 자존감을 가지고 있어야 해요. 여기서 균형 잡힌 건강한 자존감이란 자신의 가치를 잘 알고 자신을 좋게 평가하지만 부족한 점에 대해서도 잘 알고 있는 것을 뜻합니다.

자존감이 높을까? 낮을까?

내 자존감 점수가 궁금하다면 다음에서 내게 해당하는 것의 ☐ 안에 ✓표를 하세요.

☐ 내 생각보다 남의 생각에 더 의존하는 편이다.　　☐ 나는 나 자신을 못마땅하게 생각하는 편이다.

☐ 남은 잘 이해하는데 나 자신에게는 그렇지 않다.　　☐ 내 재능을 다들 칭찬해도 내겐 평범한 재능 같다.

☐ 어떤 일이 잘못되면 모두 내 탓인 것만 같다.　　☐ 나는 별로 매력이 없는 사람이라고 생각한다.

☐ 어떤 일에 실망했을 때 환경을 탓하곤 한다.　　☐ 나는 가치를 인정받지 못하는 사람이라고 생각한다.

☐ 부정적인 생각으로 하루를 시작하는 편이다.　　☐ 자주 외로움을 느낀다.

☐ 내 단점이 드러나는 것에 상당히 두려움을 느낀다.　　☐ 남들이 나를 어떻게 볼지 두려워하는 편이다.

✓표를 한 항목이 적을수록 자존감은 높은 편이랍니다.

이런 책도 있어요

맥스 루케이도, 『너는 특별하단다』, 고슴도치, 2002
조은수, 『나는 부끄러워』, 아이세움, 2007
이경혜, 『말 더듬는 꼬마 마녀』, 바람의아이들, 2018

두 눈을 크게 떠요! 집중력 테스트

[난이도 : 상 中 하]

★ 바닷속 친구들이 각각 몇 마리씩 있는지 세어 보세요.

● 정답은 가이드북 13쪽을 확인하세요.

4주

설명문 과학, 환경

🏅 독서논술계획표

❯ 공부한 날짜를 쓰고, 끝마친 단계에는 V표를 하세요.

읽기 전			읽는 중				읽은 후		
	월	일		월	일		월	일	
생각 열기		☐	생각 쌓기 1		☐	생각 쌓기 2	☐	생각 정리	☐
낱말 탐구		☐	내용 확인		☐	내용 확인	☐	생각 넓히기	☐

독서 노트	월	일

한반도의 동물을 구하라!

왕입분

1 우리나라에는 어떤 동물이 살고 있는지 사는 곳에 알맞은 동물을 세 가지 이상 쓰세요.

•••
동물은 사는 곳에 따라 먹이나 생김새, 사는 방법 등이 달라요. 우리나라에는 어떤 동물이 살고 있는지 사는 곳의 특징을 머릿속에 떠올려 동물의 이름을 써보세요.

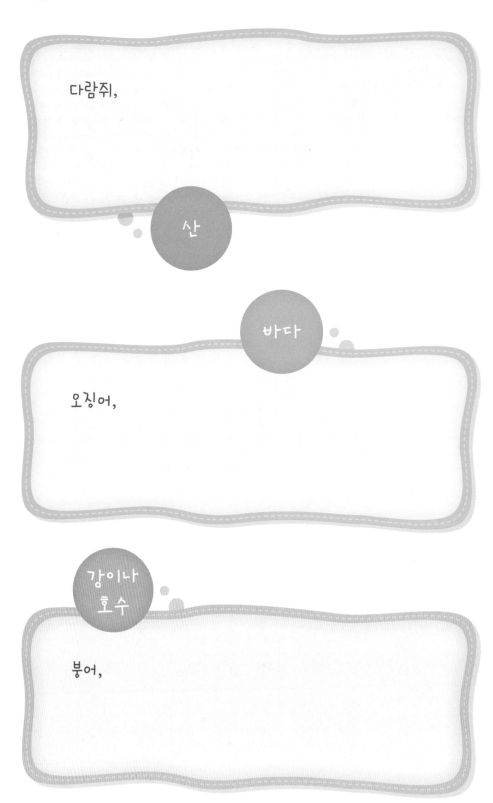

다람쥐,

산

바다

오징어,

강이나
호수

붕어,

2 다음은 멸종되어 더 이상 지구에 살지 않는 동물들의 모습이에요. 멸종된 동물들을 보고 어떤 생각이나 느낌이 들었는지 쓰세요.

• • •

생물의 한 종류가 아주 없어진 것을 '멸종'이라고 해요. 동물들이 멸종된 이유를 잘 살펴보고 생각하거나 느낀 점을 구체적으로 써 보세요.

도도는 '바보'라는 뜻으로, 사람을 두려워하지 않고 날지도 못해 붙여진 이름이에요. 무자비한 사냥과 사람들이 데려온 동물에 의해 멸종되었지요.

푸른빛의 아름다운 털을 가졌어요. 사람들이 가죽을 얻기 위해 마구 사냥하면서 멸종되었답니다.

파란 영양 ▶

▲ 도도새

날지 못하는 가장 크고 무거운 새예요. 사람들의 사냥으로 멸종되었답니다.

캥거루처럼 주머니가 있는 늑대예요. 양과 같은 가축을 해치는 동물로 여겨져 사람들에 의해 멸종되었지요.

◀ 코끼리새

▲ 주머니늑대

나의 생각이나 느낌

🖊

----

1 다음에서 설명하는 내용을 잘 읽고, 빈칸에 들어갈 알맞은 낱말을 보기 에서 찾아 쓰세요.

보기   갯벌   자취   천적   서식지

[   ] : 생물 따위가 일정한 곳에 자리를 잡고 사는 곳.

[   ] : 어떤 것이 남긴 표시나 자리.

[   ] : 잡아먹는 동물을 잡아먹히는 동물에 상대하여 이르는 말.

[   ] : 밀물 때는 물에 잠기고 썰물 때는 물 밖으로 드러나는 끈끈한 모래의 평평한 땅.

2 다음 뜻풀이를 읽고 문장에 어울리는 낱말을 찾아 ○표 하세요.

뜻풀이	문장에 어울리는 낱말 찾기

직접 관계가 없는 남의 일에 부당하게 참견함.

지나치게 **간단** **간섭** **간호** 하면 오히려 일을 그르칠 수 있다.

남의 일을 간섭하고 막아 해를 끼침.

오랜만에 책 좀 읽으려는데 너 자꾸 **방향** **방해** **방화** 할래?

짐승이나 물고기를 잡음.

주택가에 나타난 멧돼지를 포수가 나서 **포기** **포장** **포획** 했다.

조심하거나 삼가도록 미리 주의를 줌. 또는 그 주의.

어린이가 타는 통학 버스에는 노란색 **경고** **경청** **경호** 표시가 있다.

산이나 들에서 저절로 나서 자라는 과정에서 생긴 강한 성질.

개는 **야만성** **야생성** **야행성** 을 잃고 가축이 되어 오래 전부터 사람들에 의해 길러졌다.

생각 쌓기

🔖 우리나라의 멸종 위기 동물과 멸종 원인을 알아보고 멸종을 막기 위한 노력을 정리하며 읽어 보세요.

한반도의 동물을 구하라!

왕입분

호랑이나 표범, 늑대와 바다사자 같은 동물을 만나려면 동물원에 가야 해요. 그런데 이 동물들이 1900년대 초까지만 해도 우리나라에서 흔히 볼 수 있었다는 사실을 알고 있나요?

우리나라가 일본의 지배를 받던 1920년대에는 백두산과 지리산, 설악산 등에서 한국 호랑이, 한국 표범, 한국 늑대를 흔히 만날 수 있었어요. 독도에서는 강치라는 바다사자도 1만5천 마리 이상 살고 있었고요.

일본은 일제 강점기 동안 호랑이와 표범, 늑대 같은 사나운 동물을 없애고 가죽을 얻기 위해 사냥을 했어요. 일본 어민들은 바다사자의 가죽과 기름을 얻으려고 강치를 모조리 잡아갔지요. 그 결과, 이들은 분명 우리나라의 땅과 바다에 살았었지만 지금은 아예 사라진 동물이 되었답니다.

우리나라에서는 요즘에도 많은 동물들이 사라지고 있어요. 상제나비는 1990년대에 관찰된 이후 한반도에서 자취를 감추었어요. 동요에 자주 나오던 따오기도 더 이상 흔하게 볼 수 있는 새가 아니랍니다.

▲ 상제나비

한반도에서 사라져 가는 동물들이 무엇인지 하나씩 만나 볼까요?

한줄톡! 1900년대 초까지만 해도 우리나라에서 흔히 볼 수 있었던 많은 동물들이 지금은 사라졌는데,
❶ _____ 에서 사라져 가는 동물들을 살펴보기로 한다.

장수를 뜻하는 새, 두루미

▲ 두루미

두루미는 가을이 깊어지면 찾아오는 겨울 철새예요. 중국이나 러시아의 습지에서 살다가 겨울에는 남쪽인 우리나라의 철원, 파주, 연천, 강화도의 논과 갯벌에서 겨울을 보낸답니다.

옛 선비들은 두루미를 귀하게 여겨서 조선 시대 관리들의 옷에도 수놓았어요. 천년을 산다고 해서 ⁺장수를 뜻하는 그림에 나오기도 해요. '뚜루루루, 뚜루루루' 하고 날카롭게 우는 소리 때문에 '두루미'라고 불리지요.

전체적으로 몸은 흰색을 띠고 있는데, 목과 길게 늘어진 꼬리는 검은색이에요. 흰색과 검은색이 섞인 모습이 두루마기를 곱게 차려 입은 것처럼 보여요.

두루미는 1950년 한국전쟁 이전까지 우리나라 곳곳에서 흔히 볼 수 있는 새였어요. 그러나 논이나 습지들이 도로와 건물로 바뀌면서 두루미는 살 곳을 점점 잃어 가고 있어요. 또, 높은 전깃줄이나 철조망에 부딪쳐서 죽거나 농약 묻은 볍씨를 먹고 죽어 가는 등 사람들의 간섭으로 점점 그 수가 줄어들어 ⁺멸종 위기에 처했어요.

⁺**장수**: 오래도록 삶.
⁺**멸종**: 생물의 한 종류가 아주 없어짐. 또는 생물의 한 종류를 아주 없애 버림.

겁 많은 물속 사냥꾼, 수달

　수달은 귀여운 얼굴 때문에 사람들에게 인기가 많아요. 귀여운 외모와는 달리, 큰 물고기들을 주로 사냥하는 최고의 물속 사냥꾼이기도 하지요.

　수달은 물가에 있는 바위 구멍이나 나무뿌리 밑 또는 땅에 판 구멍에서 살아요. 물속 생활에 알맞게 물갈퀴와 짧은 다리를 가지고 있어서 물속에서는 행동이 빠르지만 땅 위에서는 동작이 느려요. 겁이 많아서 위험하다고 느끼면 재빨리 물속으로 들어가지요.

　그런데 수달을 가장 위험하게 만드는 건 바로 강물의 오염이에요. 공장이나 가정에서 버리는 물로 오염된 강에서 자란 물고기를 먹은 수달은 중금속에 중독되고 있어요. 강을 개발하면서 강을 따라 만든 콘크리트 벽은 수달이 살 곳마서 빼앗고 있지요. 산을 뚫어 도로를 만들면서 다른 강으로 이사 가려던 수달들도 도로에서 목숨을 잃고 있어요.

✦**중독되고**: 약물이나 중금속 등 해로운 물질이 내뿜는 독 때문에 장애를 일으키고.

겨울잠으로 추운 겨울을 견디는 붉은박쥐

붉은박쥐는 붉은 털이 햇빛을 받으면 황금빛으로 반짝여서 '황금박쥐'라고도 불려요. 원래 따뜻한 곳에서 살았던 붉은박쥐에게 추운 겨울은 견디기 힘든 계절이에요. 그래서 붉은박쥐가 추운 겨울에도 살아남기 위해 고른 방법은 '겨울잠 자기'랍니다. 먹이를 구하기 힘든 추운 겨울 동안 안전한 곳에서 잠을 자면서 기다리는 거지요.

붉은박쥐는 가을이 오면 체온을 지키면서 힘을 아낄 수 있는 동굴이나 ⁺폐광을 찾아 10월부터 이듬해 5월까지 엄청나게 긴 겨울잠을 자요.

이렇게 겨울잠을 자던 붉은박쥐는 주변의 환경이 바뀌거나 사람들의 방해로 깨어나면 갑자기 한꺼번에 많은 힘을 쓰게 되어 목숨이 위험해져요. 그래서 서식지를 보호하는 일이 아주 중요하지요.

요즘에는 폐광마저 안전을 위해 입구를 막고 있어 붉은박쥐가 살 곳을 잃고 멸종 위기에 놓였어요.

 한줄톡! 수달을 가장 위험하게 만드는 것은 강물의 ❷_____이고, 주변 환경의 영향을 많이 받는 붉은박쥐는 서식지를 보호하는 일이 아주 중요하다.

⁺폐광: 광산에서 광물을 캐내는 일을 중지함. 또는 그 광산.

동굴에 매달려 있는 붉은박쥐 ▶

물속의 뻐꾸기, 감돌고기

감돌고기는 뻐꾸기처럼 다른 물고기가 알을 낳는 곳에 몰래 알을 낳는 것으로 유명하지요. 특히 감돌고기는 보통 물고기가 아니라 천적인 꺽지가 알을 낳는 곳에 몰래 자신의 알을 낳는답니다. 이렇게 다른 동물이 알을 낳는 곳에 주인 모르게 슬쩍 알을 낳아 기르는 것을 '탁란'이라고 해요.

꺽지가 자갈이나 바위 틈에 알 낳을 곳을 마련하면 감돌고기가 나타나서 주변을 맴돌아요. 그리고 꺽지가 알을 낳아 지키고 있을 때 여러 마리의 감돌고기가 이곳에 함께 몰려와 알을 낳고 도망치는 거예요. 그러면 꺽지는 자신의 알과 감돌고기의 알을 함께 보살펴요. 꺽지의 정성스러운 보호 속에 열흘이 지나면 어린 감돌고기들이 깨어나서 둥지를 떠나게 된답니다.

감돌고기는 자갈이 많고 물살이 빠른 맑은 물에서만 살 수 있어요. 요즘은 강물의 오염 및 댐 건설로 인해 살 곳을 잃은 감돌고기의 수가 점점 줄어들고 있답니다.

 탁란을 하는 감돌고기는 자갈이 많고 ❸ .... 이/가 빠른 맑은 물에서만 살 수 있기 때문에 강물이 오염되거나 댐을 건설하면 살 수 없어서 그 수가 점점 줄어들고 있다.

▲ 꺽지가 알 낳은 곳에 알을 낳고 도망가는 감돌고기

글의 앞부분을 읽고, 물음에 답해 보세요.

1 우리나라에서 사라져 가는 동물을 두 가지 찾아 ○표 하세요.

(1)

▲ 붉은박쥐

( )

(2)

▲ 갈매기

( )

(3)

▲ 수달

( )

2 두루미에 대한 설명으로 알맞지 <u>않은</u> 것은 무엇인가요? ( )

① 울음소리가 날카롭다.　　② 우리나라에서 여름을 보낸다.

③ 옛 선비들이 귀하게 여겼다.　　④ 살 곳을 점점 잃어 가고 있다.

3 다음에서 설명하는 동물의 이름을 쓰세요.

> • 원래 따뜻한 곳에서 살았다.
> • 붉은 털이 햇빛을 받으면 황금빛으로 반짝인다.
> • 추위를 피해 동굴이나 폐광을 찾아 겨울잠을 잔다.

4 다음 설명을 읽고 빈칸에 알맞은 낱말을 쓰세요.

> 감돌고기처럼 다른 동물이 알을 낳는 곳에 주인 모르게 슬쩍 알을 낳아
> 기르게 하는 방법을 [ ] (이)라고 한다.

⭐ 이어서 다음 글을 읽어 보세요.

우리나라에는 두루미, 수달, 붉은박쥐, 감돌고기뿐만 아니라 무려 267종이나 되는 동물들이 멸종될 위기에 처해 있어요. 지금부터 우리나라의 동물들이 멸종되는 원인을 알아보고, 우리가 이 동물들의 멸종을 막을 수 있는 방법은 없는지 생각해 봐요.

한반도에서 동물이 멸종되는 원인은?

먼저 우리나라에서 동물들이 멸종되는 원인부터 알아볼까요?

첫째, 갑자기 늘어난 인구가 동물들이 사는 곳을 망가뜨렸기 때문에 동물들이 사라지고 있어요.

조선 시대 말 우리나라의 인구는 1,300만 명 정도였지만 현재 우리나라의 인구는 약 5,000만 명이에요. 인구가 이렇게 늘어나면 식량을 얻기 위해서 농사짓는 땅도 함께 늘어나요. 농사지을 땅을 늘리려고 숲을 태우거나 습지나 갯벌을 흙으로 메워 버리기 때문이지요. 사람들은 농사지을 땅 말고도 함께 모여 살 수 있는 주택지나 공장, 도시와 도시를 잇는 도로, 골프장과 놀이공원 같은 곳들을 만들려고 숲을 없애고 있어요.

숲이 사라지면 숲에 살던 동물들은 살 곳을 잃게 돼요. 동물들은 살 곳을 찾아 이사하다가 길이 끊겨서 도로 위에서 교통사고를 당하기도 하고, 새롭게 바뀌는 도시 환경에 적응하지 못해서 멸종하고 있는 거예요.

둘째, 환경 오염 때문에 동물들이 사라지고 있어요.

석유나 석탄과 같은 [✦]연료를 쓰면서 생긴 오염 물질들은 공기 중에 떠다니는 미세 먼지를 만들고 '산성비'가 되어 내리면서 땅과 강, 작은 시냇물들을 병들게 하지요.

산성비가 내리면 식물의 잎과 뿌리가 썩을 뿐만 아니라, 땅에 남아 있던 화학 물질이나 중금속들이 강이나 호수로 흘러 들어가요. 또 공장에서 쓰고 버린 오염된 물, 가정에서 나온 더러운 물이나 음식 찌꺼기까지 하천으로 흘러가면 갑자기 [✦]플랑크톤이 늘어나요. 플랑크톤이 많아지면 물속에 산소가 부족해져서 물고기들이 떼죽음을 맞게 되지요.

바다에서는 심심치 않게 배에서 기름이 흘러나오는 사고가 생겨 동물들의 목숨을 위험하게 만들고 있어요. 끈적끈적한 기름이 물고기의 아가미에 달라붙으면 물고기가 숨을 쉬지 못해요. 바닷가에 사는 새들의 깃털에 기름이 달라붙으면 새들은 체온이 떨어지는 병으로 죽어 가지요.

 한줄톡! 갑자기 늘어난 인구가 동물들이 사는 곳을 망가뜨리고 ❹ _____ (으)로 인해 한반도에서 동물이 멸종되고 있다.

[✦]**연료**: 태우면 열, 빛, 동력의 에너지를 얻을 수 있는 물질을 통틀어 이르는 말.
[✦]**플랑크톤**: 물속에서 물결을 따라 떠다니는 작은 생물을 통틀어 이르는 말.

셋째, 침입 외래종 때문에 동물들이 사라지고 있어요.

침입 외래종은 다른 동물의 멸종을 불러오는 골칫덩이들이에요. 우리나라에 천적이 없거나 생태계를 어지럽히거나 사람에게 해를 끼치는 황소개구리, 큰입배스, 붉은귀거북, 뉴트리아 같은 동물들을 '침입 외래종'이라고 해요.

특히 '괴물 쥐'라고도 불리는 뉴트리아는 털가죽과 고기를 얻으려고 남아메리카에서 들여와 전국에서 길러 왔어요. 이들 중 몇 마리가 우리에서 빠져나온 뒤 그 수가 엄청나게 늘어났고, 곡식이나 채소는 물론 물고기와 개구리, 뱀과 새까지 닥치는 대로 잡아먹어 우리나라 고유 동물들을 없애고 있지요.

넷째, 무분별한 포획으로 동물들이 사라지고 있어요.

야생 동물을 잡아서 먹거나 뼈나 가죽을 팔려고 법으로 금지한 동물을 몰래 사냥하는 사람들이 있어요. 고라니나 여우, 사향노루 같은 야생 동물들은 높은 값을 받을 수 있으니 동물이 멸종하든 말든 상관하지 않고 잡아들이지요.

 황소개구리, 뉴트리아 같은 ❺＿＿＿＿＿＿＿＿＿＿＿＿＿＿＿ 때문에 우리나라 고유 동물이 사라지고 있고, 무분별한 포획으로 인해 동물들이 사라지기도 한다.

한반도에서 동물의 멸종을 막으려면?

앞에서 말한 여러 가지 원인으로 인해 우리나라에서 동물이 사라지는 속도가 점점 빨라지고 있어요. 지금 우리가 흔히 볼 수 있는 동물도 몇십 년만 지나면 영영 사라져 버릴지도 몰라요. 사람들은 동물의 멸종을 막기 위해 어떤 노력을 하고 있을까요?

전 세계는 동물의 멸종을 막기 위해 한데 힘을 모아 람사르 협약⁺, 몬트리올 의정서, 생물 다양성 협약과 같은 국제적인 약속을 만들어 함께 지키고 있어요. 국제자연보전연맹(IUCN)과 세계 여러 나라들은 지구상의 멸종 위기종을 담은 적색자료집을 펴내 무너져 가는 지구 생태계에 대한 경고를 보내고 있지요.

우리나라 역시 2011년부터 적색자료집을 펴내고 멸종 위기 동물을 1급과 2급으로 나누어 보살피고 있어요. 또 살아남은 반달가슴곰, 산양, 여우 등을 잡아 수를 늘린 뒤에 다시 자연으로 돌려보내는 연구도 계속하고 있지요.

기술이 발전하면서 드론으로 고래가 등으로 내뿜는 물을 모아서 살펴보기도 하고, 동물 로봇을 이용해서 밀렵꾼⁺을 잡는 기술들도 생겨나고 있어요.

▲ 반달가슴곰

▲ 드론이 찍은 고래가 젖먹이는 모습

⁺**협약**: 국가와 국가 사이에 문서를 교환하여 계약을 맺음. 또는 그 계약.
⁺**밀렵꾼**: 허가를 받지 않고 몰래 사냥하는 사람.

우리 어린이들은 동물의 멸종을 막기 위해 어떤 노력을 할 수 있을까요?

가장 먼저 할 수 있는 일은 환경 오염을 줄이는 일이에요. 될 수 있는 대로 자전거나 버스, 지하철을 타고 물이나 전기 같은 자원을 아껴 써야 해요. 쓰레기는 재활용할 수 있게 철저히 나누어서 버리고요.

산이나 들, 바다로 여행을 갔을 때도 큰 소리를 지르거나 시끄럽게 놀아서는 안 돼요. 야생 동물들은 큰 소리만으로도 스트레스를 받을 수 있거든요. 여행을 하다가 만난 야생 동물에게 함부로 먹이를 주어서도 안 돼요. 사람이 주는 먹이에 익숙해진 야생 동물들은 야생성을 잃을 수 있답니다.

또, 어린 새끼 동물을 발견했다고 해서 무작정 집으로 데려와서 키우면 안 돼요. 오히려 어미를 잃어버리게 되니까요.

야생 동물에게 직접 도움을 주고 싶다면 부모님께 부탁드려 보세요. 동물들이 안전하게 이동할 수 있는 생태 통로를 만드는 일이나 겨울철 집 지어 주기와 먹이 주기 행사에 참여해서 도움을 줄 수 있어요. 용돈을 모아 야생 동물 보호 단체에 기부금을 보내서 야생 동물을 살리는 일을 도와줄 수도 있지요.

동물의 멸종을 막기 위해 무엇보다 중요한 것은 우리가 동물에게 뜨거운 관심을 가지고 보호해야 한다는 점임을 잊지 마세요.

 한줄톡! 동물의 멸종을 막기 위해 우리나라를 비롯한 전 세계가 노력하고 있으며, 우리 어린이들도 환경 오염을 줄이고 야생 동물을 ❻ ＿＿＿＿＿＿＿＿＿ 하기 위해 노력해야 한다.

✦기부금: 자선 사업이나 공공사업을 돕기 위하여 대가 없이 내놓은 돈.

글의 뒷부분을 읽고, 물음에 답해 보세요.

1 우리나라에 살던 동물이 사라지게 된 원인으로 알맞지 <u>않은</u> 것을 찾아 기호를 쓰세요.

> ㉮ 갑자기 인구가 늘어났다.
> ㉯ 우리나라의 동물을 외국으로 수출했다.
> ㉰ 법으로 금지된 동물을 함부로 잡아들였다.
> ㉱ 화석 연료를 써서 땅과 강물이 오염되었다.

2 화석 연료를 쓸 때 생긴 오염 물질들이 공기 중에 떠다니다가 비가 되어 내리는 것을 무엇이라고 하는지 쓰세요.

3 다음과 같은 국제적인 약속을 만든 까닭은 무엇인가요? (   )

> 람사르 협약, 몬트리올 의정서, 생물 다양성 협약

① 전쟁을 멈추기 위해서   ② 지구를 개발하기 위해서
③ 동물을 보호하기 위해서   ④ 어린이를 보호하기 위해서

4 동물의 멸종을 막기 위해 해야 할 일로 알맞은 것을 두 가지 찾아 ○표 하세요.

(1) 자전거 타기 (   )   (2) 어린 새끼 데려오기 (   )
(3) 산에서 '야호' 외치기 (   )   (4) 쓰레기 분류 배출하기 (   )

이제 생각을 정리하고, 마음껏 펼쳐 볼까요?

생각 정리

1 글의 짜임에 따라 설명한 내용을 정리하여 빈칸에 알맞은 말을 쓰세요.

처음 우리나라의 멸종 동물 소개

우리나라에서는 [   ] 때부터 호랑이, 표범, 독도 강치와 같은 동물이 사라졌고, 요즘에도 많은 동물들이 사라지고 있다.

가운데 ① 우리나라의 멸종 위기 동물들

두루미는 논이나 습지들이 [   ]로 개발되면서 살 곳을 잃었다.

오염된 강물에 사는 물고기를 먹고 [   ]에 중독된 수달은 각종 개발로 살 곳마저 빼앗겨 목숨을 잃고 있다.

동굴이나 폐광에서 [   ]을/를 자는 붉은박쥐도 살 곳을 잃었다.

감돌고기는 강이 오염되고 [   ] 건설로 인해 그 수가 점점 줄어들고 있다.

가운데 ② 우리나라에서 동물들이 멸종되는 원인

첫째, 갑자기 늘어난 [   ]이/가 농사지을 땅이나 도시, 도로 등을 늘려서 동물들이 사는 곳을 망가뜨렸다.

둘째, 산성비나 공장 폐수, 가정에서 버린 물, 기름 유출 사고 등 [   ] 때문에 동물들이 사라지고 있다.

셋째, 천적이 없거나 생태계를 어지럽히는 [   ] 때문에 우리나라 고유 동물이 사라지고 있다.

넷째, [   ](으)로 동물들이 사라지고 있다.

끝 동물의 멸종을 막기 위한 노력

동물의 멸종을 막기 위해서 우리나라를 비롯한 전 세계가 노력하고 있다. 어린이들도 환경 오염을 줄이고 동물을 [   ]하려고 노력해야 한다.

1 『한반도의 동물을 구하라!』의 내용을 생각하며 사향노루가 우리나라에서 사라지는 까닭은 무엇일지 짐작하여 쓰세요.

한반도에서 동물이 멸종되는 원인을 떠올리며 사향노루가 우리나라에서 사라지는 까닭을 짐작해 보세요.

사향노루는 몸에 좋은 향이 나는 향 주머니를 가지고 있다. 바위가 많은 높은 산에 사는데 두세 마리씩 무리를 지어 다닌다.

그 까닭 ✎

----

2 만약 내가 중금속에 중독되어 죽어 가는 수달이라면 사람들에게 어떤 말을 하고 싶을지 상상하여 쓰세요.

3 만약 다음 동물이 사라진다면 어떤 일이 일어날지, 또 우리에게는 어떤 영향을 끼칠지 생각하여 쓰세요.

숲속에 사는 다람쥐가 사라지면 생태계에 어떤 일이 일어날지 생각해 보고, 그런 영향이 사람에게는 어떤 변화를 가져올지 생각해 보세요.

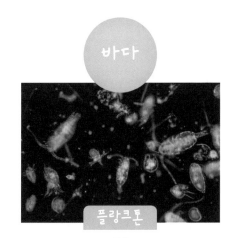

바다

플랑크톤

숲속

다람쥐

바다에는 어떤 일이 일어날까요?

예 플랑크톤을 먹고 사는 물고기들이 사라지게 될 것이다.

숲속에는 어떤 일이 일어날까요?

우리에게는 어떤 일이 생길까요?

예 생선을 먹기 힘들어질 것이다.

우리에게는 어떤 일이 생길까요?

4 다음과 같은 멸종 위기 동물을 보호하기 위한 방법들에 대하여 동물들은 어떻게 생각할지 동물의 입장에서 쓰세요.

···

멸종 위기에 놓인 동물을 보호하기 위한 것이지만 그것은 사람의 입장에서 생각해 낸 방법이지요. 동물도 인간과 같은 생각을 할지, 불편한 점은 없을지 동물의 입장에서 생각해 보세요.

위치 추적기(GPS)로 이동 모습 관찰하기

이것만 있으면 위치를 금세 알 수 있지.

종을 되살려 살던 곳으로 돌려보내기

소백산에 여우가 다시 살게 되다니 정말 기뻐.

5 다음은 환경 운동가인 제인 구달이 발표한 '생명 사랑 십계명'이에요. 여기에 새로운 계명을 덧붙인다면 무엇이 좋을지 내 생각을 쓰세요.

제인 구달은 정글에서 40여 년간 머물며 침팬지를 연구한 영국의 동물학자이자 환경 운동가예요. 개발과 밀렵으로 침팬지의 수가 급격히 줄어드는 것을 보고 동물보호운동에 발 벗고 나서게 되었지요.

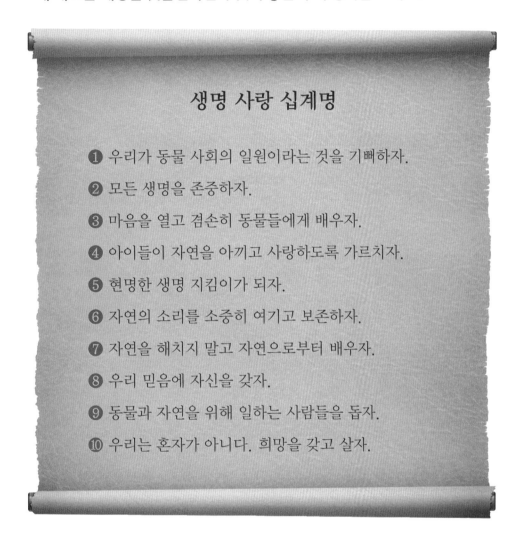

생명 사랑 십계명

❶ 우리가 동물 사회의 일원이라는 것을 기뻐하자.

❷ 모든 생명을 존중하자.

❸ 마음을 열고 겸손히 동물들에게 배우자.

❹ 아이들이 자연을 아끼고 사랑하도록 가르치자.

❺ 현명한 생명 지킴이가 되자.

❻ 자연의 소리를 소중히 여기고 보존하자.

❼ 자연을 해치지 말고 자연으로부터 배우자.

❽ 우리 믿음에 자신을 갖자.

❾ 동물과 자연을 위해 일하는 사람들을 돕자.

❿ 우리는 혼자가 아니다. 희망을 갖고 살자.

새로운 계명

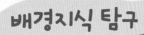

멸종 위기 동물을 구하는 **첨단 기술**

멸종 위기 동물을 구하기 위해 인공 지능이나 빅 데이터 같은 최신 기술들도 힘을 보태고 있어요.

멸종 동물을 추적하는 천체 분석 프로그램 '아스트로피'

영상으로 별의 나이나 위치 등을 알아내는 프로그램 '아스트로피'가 멸종 위기 동물들을 구하는 데 사용되고 있어요. 열적외선 카메라를 실은 드론으로 동물들을 촬영해서 이 프로그램에 넣으면 동물마다 몸의 온도가 달라 동물이 어디에 있는지, 어디로 움직이는지를 알 수 있답니다. 동물들이 병에 걸려도 몸의 온도가 달라지기 때문에 금세 알아차릴 수 있지요.

▲ 열적외선 카메라를 실은 드론으로 촬영한 산호섬

▲ 바다소

인공 지능으로 바다소가 있는 곳 알아내기

세계적인 멸종 위기 동물인 바다소를 연구하고 보호하려면 과학자들은 작은 비행기로 바다소의 무리를 뒤쫓아야 했어요. 비행기로 쫓다 보니 돈도 많이 들고 바다소가 워낙 빨라서 찾는 일이 쉽지도 않았지요. 그래서 카메라를 실은 드론으로 바다소를 촬영하기로 했어요. 그런데 바다소를 찍은 4만 5천 장이나 되는 사진을 일일이 확인하는 것이 문제였어요. 인공 지능이 이 문제를 기계 학습으로 해결해 주었지요. 4만 5천 장이나 되는 사진을 비슷한 것끼리 모으고 검색해서 바다소가 있는 곳을 정확히 찾아 주었답니다.

이런 책도 있어요

백은영, 『지켜라! 멸종 위기의 동식물』, 뭉치, 2014
한영식, 『윌슨이 들려주는 생물 다양성 이야기』, 자음과모음, 2012
신응섭, 『수달아 수달아 꼭꼭 숨어라』, 여우별, 2016

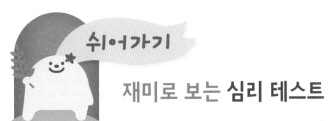

재미로 보는 심리 테스트

[적중률 : 상 ⭐중 하]

✽ 흰 도화지에 붓으로 물감 한 방울을 떨어뜨렸어요. 다음 중 어떤 색이었나요?

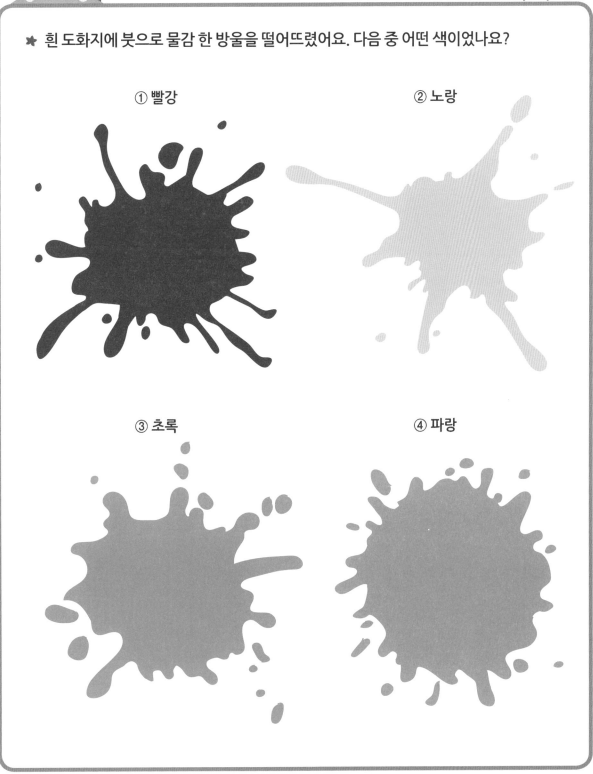

① 빨강　　　　　② 노랑

③ 초록　　　　　④ 파랑

• 결과는 가이드북 13쪽을 확인하세요.

특강

갈래별 글쓰기

무	엇	을		쓸	까	요	?				
							어	떻	게		쓸	까	요	?
		이	렇	게		써		봐	요	!	

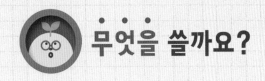 무엇을 쓸까요?

설명문 | 어떤 사실이나 대상에 대하여 이해하기 쉽게 풀어서 쓴 글을 말합니다.

 어떤 내용이 들어가나요?

• 설명하는 대상
• 설명하는 내용

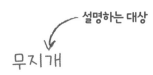 설명하는 대상

무지개

우리는 비가 온 뒤에 가끔 무지개가 뜨는 것을 볼

수 있습니다. 무지개는 공중에 떠 있는 물방울이 햇빛

설명하는 내용 ①-무지개가 생기는 까닭

을 받아 생깁니다. 그래서 무지개는 비가 그친 뒤에

볼 수 있습니다.

무지개는 반원 모양의 띠처럼 생겼습니다. 빨강, 주

설명하는 내용 ②-무지개의 모양과 빛깔

황, 노랑, 초록, 파랑, 남색, 보라 빛깔로 이루어져 매

우 아름답습니다.

우리 조상들은 무지개를 하늘과 땅을 이어 주는 다

설명하는 내용 ③-무지개에 얽힌 이야기

리로 여겼습니다. 그래서 선녀가 무지개를 타고 계곡

에 목욕하러 내려온다는 이야기도 생겼습니다.

 **어떻게 쓰나요?**
- 무엇에 대하여 설명할 것인지 밝혀야 합니다.
- 설명하려는 내용을 알기 쉽고 자세하게 써야 합니다.
- 글쓴이의 주장이나 생각이 아닌, 정확한 사실을 써야 합니다.

설명할 대상을 분명하게 밝혀요.

> 연날리기는 오랜 옛날부터 전해 내려오
> 는 민속놀이의 하나입니다.

설명하려는 내용을 알기 쉽고 자세하게 써요.

> 추석은 음력 8월 15일입니다. 이 날에는
> 햇곡식과 햇과일로 차례를 지냅니다.

정확한 사실을 써요.

- 청국장은 영양소가 풍부합니다. 우리 모두 청
  국장을 일주일에 한 번씩 먹도록 합시다. (×)

- 청국장은 콩을 발효시켜 만든 것으로 영양소가
  풍부합니다. (○)

> 설명문에는 확실하지
> 않은 정보나 추측하는 말,
> 주장하는 말(의견)이
> 들어가지 않아야 해.

 **주의할 점은 무엇인가요?**
- 누구나 알고 있는 내용은 쓰지 않습니다.
- 설명하는 내용이 잘 드러나게 제목을 정합니다.
- 이해하기 쉬운 낱말과 간결한 문장으로 명확하게 씁니다.

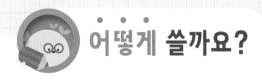
설명문의 글감 정하기

1 설명문의 글감을 알맞게 정한 친구는 누구인지 쓰세요.

음식을 남기지 말자는 내용을 써야겠어!

지효

24절기에 대한 내용을 써야겠어!

나진

동생의 생일을 축하하는 내용을 써야지!

지민

( )

설명하는 대상 알기

2 다음은 어떤 대상에 대하여 설명하는 글인지 쓰세요.

화산은 땅속 깊은 곳에서 만들어진 마그마가 땅 위로 솟아 나오면서 만들어진 산을 말합니다. 화산이 분출하면 화산 가스, 용암, 화산재, 화산 암석 등 여러 가지 물질이 나옵니다.

화산은 모양에 따라 경사가 완만한 '순상 화산'과 경사가 급한 '종상 화산' 등으로 분류됩니다.

( )

3 '소금'에 대하여 설명하는 글을 쓰려고 합니다. 조사할 내용으로 알맞지 <u>않은</u> 것은 무엇인가요? (   )

① 소금의 역할

② 된장을 담그는 방법

③ 소금이 만들어지는 과정

④ 우리 생활에서 소금을 활용하는 예

4 다음 글의 제목으로 알맞은 것은 무엇인가요? (   )

비 이름에는 여러 가지가 있습니다. 우리 조상들은 비가 내리는 모양을 보고 이름을 재미있게 붙였습니다.

가늘게 내리는 비에는 는개, 이슬비, 가랑비 등과 같은 이름을 붙였습니다. 안개처럼 보이면서 이슬비보다 더 가늘게 내리는 비를 는개라고 합니다. 그보다 조금 굵은 비는 이슬비, 이슬비보다 좀 더 굵은 비는 가랑비라고 부릅니다.

① 비가 내리는 때   ② 비가 내리는 까닭

③ 우리 조상들의 지혜   ④ 여러 가지 비의 이름

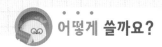

대상 설명하기

5 송편에 대하여 설명한 내용이 <u>아닌</u> 것의 기호를 쓰세요.

> ㉮ 대부분 반달이나 모시조개 모양으로 빚는다.
> ㉯ 추석에는 햅쌀로 송편을 빚어 차례를 지낸다.
> ㉰ 밀가루를 꿀과 기름 등으로 반죽하여 기름에 지진 과자이다.
> ㉱ 멥쌀가루를 반죽하여 팥, 콩, 밤, 대추, 깨 따위로 소를 넣고 찐 떡이다.

(   )

대상을 자세하게 설명하기

6 다음 글을 읽고 알 수 <u>없는</u> 내용은 무엇인가요? (   )

> 닭싸움은 한쪽 다리를 들어 올려 두 손으로 잡고, 다른 다리로 균형을 잡아 깨금발로 뛰면서 상대를 밀어 넘어뜨리는 민속놀이입니다. 아무런 준비물이 필요하지 않고 놀이 방법도 간단해 어린이는 물론 청소년과 어른도 즐기는 놀이입니다.
> 닭싸움은 한 발로 서서 하므로 '외발싸움', '깨금발싸움'이라고 부르고, 무릎을 부딪쳐 싸운다고 해서 '무릎싸움'이라고도 부릅니다.
> 닭싸움은 두 명이 하거나 여러 명이 할 수도 있습니다.

① 닭싸움을 하는 방법
② 닭싸움의 다른 이름
③ 닭싸움을 하는 사람의 수
④ 닭싸움을 처음 시작한 때

7 다음 설명문의 일부분을 읽고, 밑줄 친 부분에 나타난 문제점은 무엇인지 쓰세요.

> 인터넷 실명제는 인터넷을 이용하는 사람들의 실제 이름과 나이 등이 확인되어야만 인터넷에 글을 올릴 수 있는 제도입니다. 이 제도는 자신을 숨기고 글을 올리면서 악성 댓글, 언어 폭력 등의 문제점이 발생하면서 생겼습니다. <u>우리 학교 누리사랑방 게시판에도 장난스러운 글이 많이 올라오고 있기 때문에 인터넷 실명제를 반드시 실시해야 한다고 생각합니다.</u>

8 밑줄 친 말을 이해하기 쉽게 바꾸어 쓴 것은 무엇인가요? (   )

> 씨름은 우리 민족이 오래전부터 해 온 놀이입니다. 씨름은 상대의 샅바를 잡고 <u>승부를 겨루는</u> 놀이입니다. 씨름에서 이기려면 상대를 먼저 넘어뜨리면 됩니다. 옛날에는 씨름에서 우승한 사람에게 상으로 황소를 주기도 하였습니다.

① 오래 버티는
② 상대방을 공격하는
③ 이기고 지는 것을 가리는
④ 기술이 뛰어난 사람을 선택하는

이렇게 써 봐요!

설명하고 싶은 대상을 떠올려 쓰세요.

1 무엇에 대하여 설명하고 싶은지 생각하여 한 가지만 쓰세요.

대상에 대하여 조사할 내용을 정리해 보세요.

2 **1**에서 답한 대상과 관련하여 읽는 사람이 알고 싶어 할 만한 내용을 세 가지만 쓰세요.

-
-
-

정확한 정보와 적절한 자료를 조사한 뒤에 그 내용을 정리해 보세요.

3 **2**에서 답한 내용에 대하여 여러 가지 자료를 조사해 보고, 조사한 내용을 정리하여 쓰세요.

4 **1**~**3**에서 정리한 내용을 바탕으로 하여 설명문을 써 보세요.

무엇을 쓸까요?

시 | 어떤 대상에 대한 생각이나 느낌을 짧은 말로 리듬감 있게 표현한 글을 말합니다.

 어떤 내용이 들어가나요?

• 시의 글감
• 시의 주제

제목 →

발자국

연 [눈 위를 가면 ──→ 행
    발자국이 따라와요 ──→ 행

연 [내가 길을 잃을까 봐 ──→ 행
    졸졸 따라와요 ──→ 행

연 [눈 위를 가면 ──→ 행
    발자국이 ──→ 행
    졸졸 따라와요 ──→ 행

시의 한 줄을 '행'이라고 하고 시에서 몇 행을 하나로 묶어서 나눈 것을 '연'이라고 해. 이 시는 3연 7행으로 이루어져 있어.

 **어떻게 쓰나요?**

- 경험, 생각이나 느낌 등을 떠올려 보고 글감을 정합니다.
- 시의 형식에 맞추어 행과 연으로 나누고 리듬감 있게 표현해 봅니다.
- 시에서 말하고자 하는 내용이 잘 드러나게 써 봅니다.

경험, 생각이나 느낌을 떠올려 보고 글감을 정해요.

- **경험을 떠올려 글감 정하기:** 예 개구리 울음소리를 들으니 동생을 잃어버리고 울었던 일이 떠오른다.
- **생각이나 느낌을 떠올려 글감 정하기:** 예 수도꼭지에서 물이 떨어지는 모습을 보니 수도꼭지가 울보 같다.

행과 연을 나누고 리듬감 있게 표현해요.

무더운 여름날에 시원한 바닷가에 오니 파도가 철썩철썩 치고 갈매기는 끼룩끼룩 날아간다.
→ 예 시원한 바닷가
　　　파도가 철썩철썩
　　　갈매기는 끼룩끼룩

실감 나고 생생하게 표현해요.

- **직유법:** '~같이', '~처럼', '~ 같은' 등으로 표현하는 방법. 예 쟁반같이 둥근 달
- **은유법:** '~은/는 ~이다' 등으로 표현하는 방법. 예 내 마음은 호수다.
- **의인법:** 사람이 아닌 것을 사람처럼 표현하는 방법. 예 꽃이 활짝 웃는다.

> 다양한 표현을 사용하면 생생한 느낌이 들고, 시의 장면이 쉽게 떠올라서 내용을 이해하기 더 쉽지!

 **주의할 점은 무엇인가요?**

- 리듬감이 느껴지는 말로 짧게 표현해야 합니다.
- 시의 글감, 시의 주제가 잘 드러나게 제목을 붙여야 합니다.

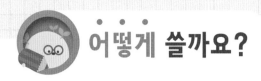 어떻게 쓸까요?

시를 쓰는
순서 알기

1 시를 쓸 때 가장 먼저 해야 하는 것을 바르게 말한 친구는 누구인지 쓰세요.

시를 몇 연 몇 행으로 쓸지 생각해야지!

생활 속에서 글감을 먼저 찾아야 해!

실감 나고 생생한 느낌이 들게 표현해야지.

지민

동건

혜연

(   )

시의 글감
정하기

2 민규는 무엇에 대하여 시를 쓰려고 하는지 쓰세요.

비 오는 소리를 듣고 있으니
마치 실로폰 소리처럼 느껴져서
시로 쓰고 싶어.

민규

(   )

3 다음 시를 읽고 중심 글감은 무엇인지 쓰세요.

지난밤에
눈이 소오복이 왔네.

지붕이랑
집이랑 밭이랑
추워한다고
덮어 주는 이불인가 봐.

그러기에
추운 겨울에만 내리지.

(   )

4 다음 시는 몇 연 몇 행으로 이루어져 있는지 쓰세요.

귀뚜라미 귀뚜르르 가느단 소리,
달님도 추워서 파랗습니다.

울 밑에 과꽃이 네 밤만 자면,
눈 오는 겨울이 찾아온다고.

귀뚜라미 귀뚜르르 가느단 소리,
달밤에 오동잎이 떨어집니다.

(   )

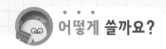 어떻게 쓸까요?

**대상을
실감 나고
생생하게
표현하기**

5 보기 와 같이, 대상의 모습이 실감 나고 생생하게 느껴지도록 빈칸에 알맞은 말을 쓰세요.

> 보기   바람이 불어온다. ➡ 바람이 <u>살랑살랑</u> 불어온다.

봄비가 내린다. ➡ 봄비가 (   ) 내린다.

**대상을
빗대어
표현하기**

6 다음 시의 표현을 잘 살펴보고 알맞은 표현 방법을 찾아 선으로 이으세요.

(1) 신나게
노래를 부르는
참새
●

● ① 비슷한 성질을 가진 두 사물을 '~처럼, ~ 같은' 등의 말을 사용하여 직접 빗대어 표현했어.

(2) 내 마음은
고요한 호수
●

● ② 사람이 아닌 대상을 사람이 느끼고 행동하는 것처럼 표현했어.

(3) 솜사탕 같은
구름
●

● ③ '~은/는 ~이다'라는 말을 사용하여 간접적으로 빗대어 표현했어.

7 다음 시를 읽고 생각하거나 느낀 점을 바르게 말하지 <u>못한</u> 친구는 누구인 가요? (   )

> 엄마야 누나야, 강변 살자.
>
> 뜰에는 반짝이는 금모래 빛,
>
> 뒷문 밖에는 갈잎의 노래,
>
> 엄마야 누나야, 강변 살자.

① 가람: 아빠를 그리워하는 마음이 잘 나타나 있어.

② 나영: 반짝이는 금모래 빛의 모습이 생생하게 떠올라.

③ 다정: 뒷문 밖에서 갈잎 소리가 노래처럼 들려오는 것 같아.

④ 라윤: '엄마야 누나야, 강변 살자.'가 반복되어 리듬감을 느낄 수 있어.

8 다음 시의 제목으로 알맞은 것은 무엇인가요? (   )

> 하얀 눈이 내리면
> 친구들과 눈사람을 만들어야지.
>
> 하얀 눈이 내리면
> 동생과 팥빙수를 만들어야지.

① 친구   ② 눈사람

③ 팥빙수   ④ 하얀 눈

이렇게 써 봐요!

시의 글감을 정해 보
세요.

1 무엇에 대하여 시를 쓰고 싶은지 떠올려 보세요.

글감을 통해 어떤 생
각이나 느낌을 표현하
고 싶은지 정리해 보
세요.

2 **1**에서 정한 글감을 통해 표현하고 싶은 생각이나 느낌을 정리하여 쓰세요.

자신의 생각이나 느
낌을 표현하기에 알
맞은 시의 표현 방법
(직유법, 은유법, 의인
법 등)을 생각해 보
세요.

3 **2**에서 정리한 내용을 어떤 방법으로 표현하면 좋을지 생각하여 쓰세요.

4 1~3에서 정리한 내용을 바탕으로 하여 시를 써 보세요. 빈 공간에는 자유롭게 시와 어울리는 그림도 그려 보세요.

출처

글

1주 『**여행**』 신형건 글 | 미세기 | 2015년

3주 『**숨바꼭질**』 김대조 글 | 미래아이 | 2009년

▸ 위에 제시되지 않은 사진이나 이미지는 사용료를 지불하고 셔터스톡 코리아에서 대여했음을 밝힙니다.

▸ 길벗스쿨은 이 책에 실린 모든 글과 사진의 출처를 찾기 위해 최선의 노력을 기울였습니다.
   저작권자를 찾지 못해 허락을 받지 못한 글과 사진은 저작권자가 확인되는 대로 통상의 사용료를 지불하겠습니다.

앗!

본책의 가이드북을 분실하셨나요?
길벗스쿨 홈페이지에 들어오시면
내려받으실 수 있습니다.

기적의
독서 논술

가이드북

6권

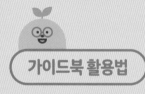

가이드북 활용법

독해 문제의 경우에만 정답을 확인하시고 정오답을 체크해 주시면 됩니다.

낱말 탐구에 제시된 어휘의 뜻은 국립국어원의 국어사전 내용을 기준으로 풀이하여 실었습니다.

그 외 서술·논술형 문제에 해당하는 예시 답안은 참고만 하셔도 됩니다.

아이의 다양한 생각이 예시 답과 다르다고 하여 틀렸다고 결론 내지 마세요.

아이 나름대로 근거가 있고, 타당한 대답이라면 정답으로 인정합니다.

이치에 맞지 않은 답을 한 경우에만 수정하고 정정할 기회를 주시기 바랍니다.

답을 찾는 과정에 집중해 주세요.

다소 엉뚱하지만 창의적이고,
기발하면서 논리적인 대답에는 폭풍 칭찬을 잊지 마세요!

부디 너그럽고 논리적인 독서 논술 가이드가 되길 희망합니다.

읽기 전 생각 열기

1 '여행'이라는 말을 들으면 무엇이 떠오르나요? 여행이라는 낱말로 자유롭게 생각 그물을 만들어 보세요.

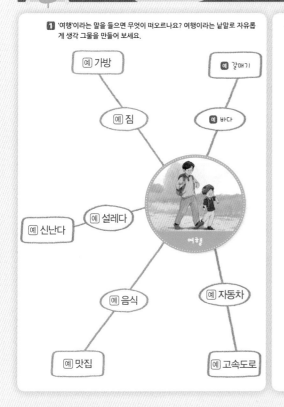

예 가방
예 갈매기
예 짐
예 바다
예 설레다
예 신난다
예 음식
예 자동차
예 맛집
예 고속도로
여행

2 아빠와 단둘이 여행을 떠나려고 해요. 꼭 가져가고 싶은 것을 떠올려 보고, 그것을 가져가고 싶은 까닭은 무엇인지 쓰세요.

가져가고 싶은 것 ❶
예 축구공

가져가고 싶은 까닭
예 아빠와 함께 축구를 하고 싶기 때문이다.

가져가고 싶은 까닭
예 아빠와 단둘이 있으면 엄마가 보고 싶기 때문이다.

가져가고 싶은 것 ❷
예 엄마 사진

가져가고 싶은 것 ❸
예 별자리 책

가져가고 싶은 까닭
예 아빠와 함께 밤하늘을 바라보며 북두칠성을 찾아보고 싶기 때문이다.

해설

1 '여행' 하면 떠오르는 낱말들을 가지를 뻗어 적은 다음, 그 낱말에서 떠오르는 것을 다시 가지를 뻗어 적어 봅니다. 이때 가지 하나에는 한 낱말만 적어야 하며, 떠오르는 것이 여러 개일 때는 가지를 여러 개 뻗을 수 있습니다.

2 아빠와 나의 성격이나 성향 등을 바탕으로 하여 아빠와 여행을 가서 하고 싶은 일을 떠올려 봅니다. 두 사람이 지내면서 필요할 것 같은 물건 등을 생각해 보는 것도 좋습니다.

읽기 전 낱말 탐구

1 다음 뜻에 어울리는 낱말을 찾아 선으로 이으세요.

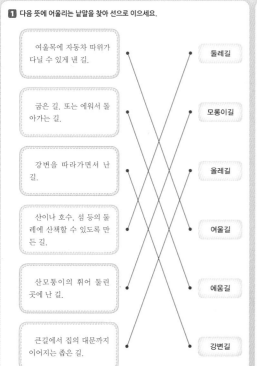

여울목에 자동차 따위가 다닐 수 있게 낸 길. — 둘레길

굽은 길. 또는 에워서 돌아가는 길. — 모롱이길

강변을 따라가면서 난 길. — 올레길

산이나 호수, 섬 등의 둘레에 산책할 수 있도록 만든 길. — 여울길

산모퉁이의 휘어 둘린 곳에 난 길. — 에움길

큰길에서 집의 대문까지 이어지는 좁은 길. — 강변길

2 다음 빈칸에 알맞은 낱말을 보기 에서 찾아 쓰세요.

보기　여념 요원 개통식 막바지 실타래 되돌이표

철도 **개통식** 을/를 보려고 많은 사람들이 모였다.

우리 가족은 이번 체육 행사에서 진행 **요원** (으)로 활동했다.

이 곡은 **되돌이표** 이/가 많아서 다른 곡보다 연주 시간이 길다.

무더위도 이제 **막바지** 에 이르렀다.

할머니께서 헝클어진 **실타래** 을/를 풀고 계신다.

엄마는 음식을 준비하느라 **여념** 이/가 없으셨다.

낱말 탐구

✦ **여념**: 어떤 일에 대하여 생각하고 있는 것 이외의 다른 생각.

✦ **요원**: 어떤 일을 하는 데 꼭 필요한 인원.

✦ **개통식**: 개통을 기념하기 위하여 현장에서 베푸는 의식이나 행사.

✦ **막바지**: 어떤 일이나 현상 따위의 마지막 단계.

✦ **실타래**: 실을 쉽게 풀어 쓸 수 있도록 한데 뭉치거나 감아 놓은 것.

✦ **되돌이표**: 악보에서, 악곡의 어느 부분을 되풀이하여 연주하거나 노래하도록 지시하는 기호.

한줄톡! ❶ 마음의 짐 ❷ 호기심 ❸ 폭포

한줄톡! ❹ 벚꽃 터널 ❺ 지름길 ❻ 나(아이)

25쪽

내용 확인 ❶ ㉮, ㉯, ㉣ ❷ 설렘 ❸ ③
     ❹ (2) ○

31쪽

내용 확인 ❶ ① ❷ (1) ○ ❸ (1) ② (2) ① (3) ③
     ❹ 내 또래 아이 ❺ (2) ○

❶ 숙제 걱정, 학원 걱정, 시험 걱정 등의 무거운 마음의 짐을 모두 내려놓고 와서 배낭 가득 짐을 꾸렸는데도 하나도 안 무겁다고 하였습니다.

❷ '내 마음의 설렘이 / 빵빵한 배낭 속 짐을 / 헬륨 가스로 만들어 버렸나 봐요.'라고 표현한 부분에서 알 수 있습니다.

❸ 시 속의 아빠는 여행은 '두어 시간쯤 더 늦게 도착하는 거.'라고 하였습니다.

❹ '세상에서 가장 큰 웃음소리'는 폭포 소리를 빗대어 표현한 것입니다.

❶ 벚꽃은 봄에 피는 꽃입니다.

❷ 벚꽃 터널 속 수천, 수만, 수천만의 꽃등은 활짝 피어난 벚꽃을 빗대어 표현한 것입니다.

❸ '우당탕퉁탕 자갈길, 북적북적 시장길, 와글와글 골목길'이라고 했습니다.

❹ 시골 할머니 댁이 가까워지면 아빠는 갑자기 아이, 그것도 조잘조잘 떠드는 내 또래 아이가 된다고 하였습니다.

❺ 이제까지 읽은 동시 6편은 모두 여행과 관련이 깊습니다.

1 각 동시의 내용이나 특징을 생각하며 보기 에서 알맞은 말을 찾아 쓰세요.

보기   길   짐   아이   아빠   대화   설렘
     터널   여행   모습   소리   할머니   달팽이

① 무거운 짐 이/가 가볍게 느껴지는, 여행의 설렘 을/를 표현하였다.
「짐」

② 아빠와 아이가 대화 을/를 주고받는 형식으로, 세상에서 가장 호기심 많은 달팽이 이/가 되어 천천히, 하나라도 더 보는 여행의 즐거움을 노래하였다.
「여행」

③ '내리꽂히는'을 한 행에 한 글자씩 써서 폭포의 모습 을/를 눈에 보이듯이 표현했고, 폭포 소리 을/를 세상에서 가장 큰 웃음소리라고 표현하였다.
「폭포」

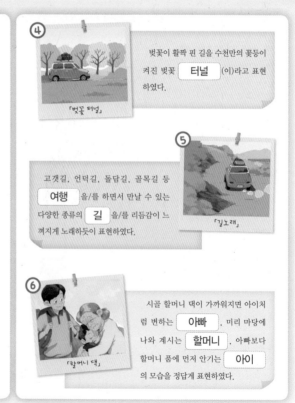

④ 벚꽃이 활짝 핀 길을 수천만의 꽃등이 켜진 벚꽃 터널 (이)라고 표현하였다.
「벚꽃 터널」

⑤ 고갯길, 언덕길, 돌담길, 골목길 등 여행 을/를 하면서 만날 수 있는 다양한 종류의 길 을/를 리듬감이 느껴지게 노래하듯이 표현하였다.
「길노래」

⑥ 시골 할머니 댁이 가까워지면 아이처럼 변하는 아빠, 미리 마당에 나와 계시는 할머니, 아빠보다 할머니 품에 먼저 안기는 아이 의 모습을 정답게 표현하였다.
「할머니 댁」

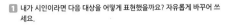

1 내가 시인이라면 다음 대상을 어떻게 표현했을까요? 자유롭게 바꾸어 쓰세요.

폭포

시에 나타난 표현
하얀 웃음 실타래

바꾸어 쓴 표현
예 하얀 할아버지 수염 / 하얀 국수 가락

벚꽃이 핀 길

시에 나타난 표현
벚꽃 터널

바꾸어 쓴 표현
예 벚꽃 동굴 / 벚꽃 꽃다발

할머니 댁에 가는 아빠

시에 나타난 표현
조잘조잘 떠드는 내 또래 아이

바꾸어 쓴 표현
예 생일 선물을 기다리는 내 또래 아이 / 게임하러 가는 내 또래 아이

2 「길노래」에는 다양한 종류의 길들이 나와요. 그 길들을 어떻게 표현할 수 있을지 생각하여 다른 표현으로 바꾸어 쓰세요.

우당탕퉁탕 자갈길
쌩쌩 달려 아스팔트길
이크! 브레이크! 내리막길
쉬엄쉬엄 오르막길
북적북적 시장길
강아지 한 마리 외딴길

↓

예 울퉁불퉁 자갈길

✎ 예 쭉쭉 뻗어	아스팔트길
✎ 예 조심해요! 위험해요!	내리막길
✎ 예 힘들어요! 괴로워요!	오르막길
✎ 예 시끌시끌	시장길
✎ 예 아무도 없네!	외딴길

3 「여행」 속 아이가 되어 아빠처럼 다음 질문에 답해 보고, 여행이란 무엇인지 짧게 표현해 보세요.

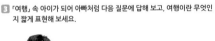

아빠 | 아이

많은 것을 보고 느끼려고 여행을 한단다. | 여행하는 까닭이나 목적은? | ✎ 예 행복을 느끼려고 여행을 해요.

천천히 여행을 해야 하나라도 더 볼 수 있단다. | 여행하는 방법은? | ✎ 예 자유롭게 내 마음껏 즐기며 다녀요.

이게 여행이지,
한 걸음 더 천천히 가는 거.

이게 여행이지,
하나라도 더 보는 거.

이게 여행이지,
✎ 예 행복을 느끼며 가는 거.

이게 여행이지,
✎ 예 자유롭게 내 마음껏 즐기는 거.

4 「짐」을 다시 읽고, 시의 내용과 비슷한 내 경험을 떠올려 보세요. 그 경험을 바탕으로 하여 시로 표현해 보세요.

있었던 일	예 편찮으신 엄마 대신 집안 청소를 했던 일이 있었는데, 그때 청소가 조금도 힘들지 않았다.
그때의 마음	예 내가 청소를 하는 동안 편찮으신 엄마가 마음 편히 쉴 수 있다고 생각하니까 뿌듯한 마음이 들었다.

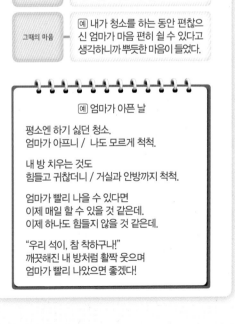

예 엄마가 아픈 날

평소엔 하기 싫던 청소.
엄마가 아프니 / 나도 모르게 척척.

내 방 치우는 것도
힘들고 귀찮더니 / 거실과 안방까지 척척.

엄마가 빨리 나을 수 있다면
이제 매일 할 수 있을 것 같은데.
이제 하나도 힘들지 않을 것 같은데.

"우리 석이, 참 착하구나!"
깨끗해진 내 방처럼 활짝 웃으며
엄마가 빨리 나았으면 좋겠다!

해설

1 '폭포, 벚꽃이 핀 길, 할머니 댁에 가는 아빠'를 다른 사물이나 현상에 빗대어 자유롭게 표현해 봅니다.

2 '아스팔트길, 내리막길, 오르막길, 시장길, 외딴길'에 어울리는 말을 넣어 바꾸어 써 봅니다.

3 여행하는 까닭이나 목적, 여행하는 방법을 정리하고, 그 내용을 바탕으로 하여 여행이란 무엇인지 '여행은 ~ 하는 거.'의 형식으로 표현해 봅니다.

4 「짐」 속 아이처럼 평소라면 힘들어서 꺼렸을 만한 일인데 즐겁게 했던 내 경험을 떠올려 보고, 그 경험을 바탕으로 하여 시로 표현해 봅니다.

2주 마녀의 빵

1 빵은 먹는 것 외에 또 어디에 쓰일 수 있을까요? 나라면 빵을 어디에 또 쓰고 싶은지 자유롭게 생각하여 쓰세요.

> ✎(예) 우리 엄마는 오래된 식빵을 구워서 포일에 싼 뒤 구멍을 뚫어 냉장고에 넣고 냉장고 냄새를 없앨 때 사용한다. 나도 빵을 그렇게 사용해 보고 싶다. / 식빵을 조물락조물락 뭉쳐서 식빵 인형을 만들고 싶다.

2 빵 이름이 '마녀의 빵'이래요. 어떤 빵이기에 그런 이름이 붙었을지 상상하여 쓰세요.

마녀의 빵

> ✎(예) 빵을 먹으면 마녀처럼 못된 사람이 되기 때문이다. / 빵을 먹으면 마술을 부릴 수 있기 때문이다. / 빵에 마녀 모양이 새겨져 있기 때문이다.

3 화가와 건축 설계사는 어떤 일을 하는 사람일까요? 각 직업과 관계 있는 것을 찾아 선으로 이으세요.

화가

건축 설계사

건물의 형태, 구조, 재료, 공사 방법 따위를 정하고, 설계도를 작성한다.

다양한 재료를 써서 인물이나 풍경 따위를 그리거나 작품을 창작한다.

연필로 그림을 그린다.

연필로 설계도를 그린다.

해설

1 실제로 오래된 빵은 냉장고 냄새를 없앨 때, 벽지에 묻은 때를 지울 때, 생선이나 삼겹살을 구울 때에도 사용되곤 합니다.

2 만드는 재료, 모양, 먹고 난 뒤의 효과 등 다양한 방향에서 '마녀의 빵'이라는 이름이 붙은 까닭을 상상해 봅니다.

3 화가는 그림을 그리는 사람이고 건축 설계사는 건축에 필요한 것들을 계획하고 설계도 따위를 그리는 사람입니다. 따라서 연필로 무엇인가를 그린다는 공통점이 있습니다.

1 다음 그림을 보고 설명하는 낱말을 찾아 ○표 하세요.

[원근법] 정묘법 : 물체와 공간을 눈으로 보는 것과 같이 멀고 가까움을 느낄 수 있도록 평면 위에 표현하는 방법.

포스터 [공모전] : 여러 사람에게 널리 알려 모집한 작품의 전시회.

[완성] 미완성 : 아직 덜 됨.

[팔레트] 붓 : 수채화나 유화를 그릴 때에, 그림물감을 짜내어 섞기 위한 판.

2 다음 문장에 어울리는 낱말을 찾아 ○표 하세요.

그는 마음 [오지랖] 이 넓어서 남의 일에 늘 이래라저래라 간섭한다.

친구 그리기 대회에 [응모] 모집 해 보려고 한다.

독일어는 다른 언어보다 [억양] 석양 이 세고 딱딱하다.

귀를 찢는 듯한 [굉음] 좋음 이 들려왔다.

엄청난 실수를 하는 바람에 같이 일하던 사람에게 발 [멱살] 을 잡히고 말았다.

농수산물 시장에서는 하루도 빠짐없이 경기 [경매] 가 벌어진다.

낱말 탐구

✦ **오지랖:** 웃옷이나 윗도리에 입는 겉옷의 앞자락. 흔히 지나치게 아무 일에나 참견하는 면이 있다는 뜻으로 '오지랖(이) 넓다'는 표현을 씀.

✦ **응모:** 모집에 응하거나 지원함.

✦ **억양:** 말소리의 높낮이를 변하게 하거나 그런 변화. 말의 가락.

✦ **굉음:** 몹시 요란하게 울리는 소리.

✦ **멱살:** 사람의 목 앞쪽 부분의 옷깃.

✦ **경매:** 물건을 사려는 사람이 여럿일 때 값을 가장 높이 부르는 사람에게 파는 일.

한줄 톡! ❶ 화가 ❷ 원근법 ❸ 맛있는 음식

51쪽

내용 확인 **1** ① **2** (3) ○ **3** 남자 손님, 화가 **4** ㉮, ㉣

1 마사 양은 여느 처녀들보다 나이는 많지만 제법 많은 돈을 예금해 둔 부자라고 하였습니다.

2 마사 양은 남자 손님의 손가락에 붉은 갈색 얼룩이 묻어 있는 것을 보고 그때부터 그가 가난한 화가라고 믿게 되었습니다.

3 마사 양은 남자 손님이 정말 화가인지 알아보기 위해 원근 기법이 많이 사용되어 화가의 눈에 띌 만한 그림을 빵 진열장 뒤쪽 선반 위에 걸어 놓았습니다.

4 마사 양은 남자 손님에게 잘 보이고 싶어서 물방울무늬 비단 블라우스를 꺼내 입고, 민낯이던 얼굴에 화장을 하였습니다.

한줄 톡! ❹ 버터 ❺ 고함 ❻ 굳은(묵은) 식빵

57쪽

내용 확인 **1** ① **2** 건축 설계사 **3** ㉣ **4** (1) ② (2) ①

1 마사 양은 남자 손님을 좋아해서 딱딱하게 굳은 묵은 식빵 속에 몰래 부드러운 버터를 넣어 준 것입니다.

2 남자 손님의 진짜 직업은 건축 설계사라고 그의 동료가 말해 주었습니다.

3 남자 손님은 마사 양이 빵에 몰래 버터를 넣는 바람에 공모전에 내기 위해 오랫동안 준비해 온 설계도를 망치게 되어 화가 난 것입니다.

4 마사 양은 좋은 뜻으로 식빵 속에 버터를 넣었지만 남자 손님은 그 행동으로 인해 설계도를 망쳤습니다.

1 마사 양이 생각한 것과 실제 남자 손님의 상황은 어떻게 달랐나요? 같은 일이 어떻게 다르게 풀이될 수 있는지 정리하여 빈칸에 알맞은 말을 쓰세요.

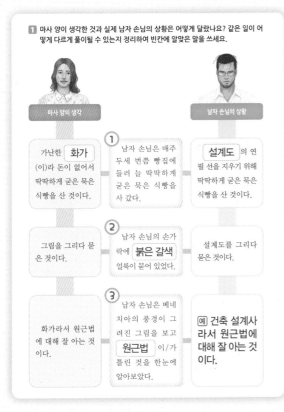

마사 양의 생각 | 남자 손님의 상황

가난한 **화가** (이)라 돈이 없어서 딱딱하게 굳은 묵은 식빵을 산 것이다.
① 남자 손님은 매주 두세 번쯤 빵집에 들러 늘 딱딱하게 굳은 묵은 식빵을 사 갔다.
설계도 의 연필 선을 지우기 위해 딱딱하게 굳은 묵은 식빵을 산 것이다.

그림을 그리다 묻은 것이다.
② 남자 손님의 손가락에 **붉은 갈색** 얼룩이 묻어 있었다.
설계도를 그리다 묻은 것이다.

화가라서 원근법에 대해 잘 아는 것이다.
③ 남자 손님은 베네치아의 풍경이 그려진 그림을 보고 **원근법** 이/가 틀린 것을 한눈에 알아보았다.
㉺ 건축 설계사라서 원근법에 대해 잘 아는 것이다.

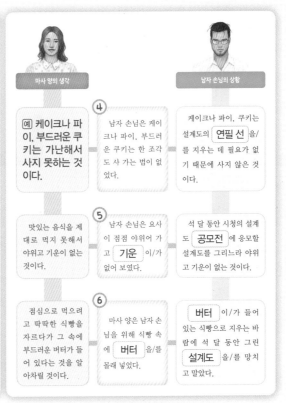

마사 양의 생각 | 남자 손님의 상황

㉺ 케이크나 파이, 부드러운 쿠키는 가난해서 사지 못하는 것이다.
④ 남자 손님은 케이크나 파이, 부드러운 쿠키는 한 조각도 사 가는 법이 없었다.
케이크나 파이, 쿠키는 설계도의 **연필 선** 을/를 지우는 데 필요가 없기 때문에 사지 않는 것이다.

맛있는 음식을 제대로 먹지 못해서 야위고 기운이 없는 것이다.
⑤ 남자 손님은 요사이 점점 야위어 가고 **기운** 이/가 없어 보였다.
석 달 동안 시청의 설계도 **공모전** 에 응모할 설계도를 그리느라 야위고 기운이 없는 것이다.

점심으로 먹으려고 딱딱한 식빵을 자르다가 그 속에 부드러운 버터가 들어 있다는 것을 알아차릴 것이다.
⑥ 마사 양은 남자 손님을 위해 식빵 속에 **버터** 을/를 몰래 넣었다.
버터 이/가 들어 있는 식빵으로 지우는 바람에 석 달 동안 그린 **설계도** 을/를 망치고 말았다.

1 『마녀의 빵』에서 다음과 같은 역할을 한 물건은 무엇인지 [보기]에서 찾아 기호를 쓰세요.

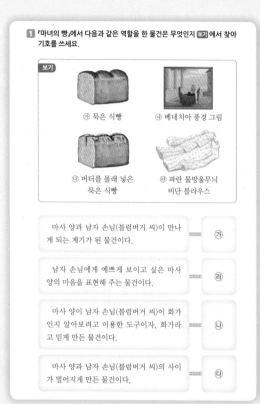

보기
㉮ 묵은 식빵
㉯ 베네치아 풍경 그림
㉰ 버터를 몰래 넣은 묵은 식빵
㉱ 파란 물방울무늬 비단 블라우스

마사 양과 남자 손님(블럼버거 씨)이 만나게 되는 계기가 된 물건이다.	㉮
남자 손님에게 예쁘게 보이고 싶은 마사 양의 마음을 표현해 주는 물건이다.	㉱
마사 양이 남자 손님(블럼버거 씨)이 화가인지 알아보려고 이용한 도구이자, 화가라고 믿게 만든 물건이다.	㉯
마사 양과 남자 손님(블럼버거 씨)의 사이가 멀어지게 만든 물건이다.	㉰

2 나라면 다음과 같은 상황에서 어떻게 행동했을지 알맞은 까닭을 들어 가며 쓰세요.

내가 마사 양이라면 남자 손님(블럼버거 씨)을 위해 어떻게 했을까요?

난 가난해서 묵은 식빵만 사 가는 남자 손님을 위해 식빵 속에 신선한 버터를 몰래 넣어 주었어요.

나라면, 예 묵은 식빵을 갓 구운 식빵으로 바꿔 주었을 거예요.
왜냐하면,
예 갓 구운 식빵은 버터를 넣은 식빵만큼이나 맛있기 때문이에요.

내가 남자 손님(블럼버거 씨)이라면 식빵 속에 버터를 넣어 설계도를 망치게 한 마사 양에게 어떻게 했을까요?

난 마사 양의 빵집에 찾아가 마녀 같은 여편네라며 마구 화를 냈지.

나라면, 예 설계도를 망쳐서 속상하더라도 참았을 거예요.
왜냐하면,
예 식빵의 상태를 확인하지 않은 자신의 잘못도 있기 때문이에요.

3 『마녀의 빵』에 나오는 사람들은 '버터를 넣은 묵은 식빵'을 어떻게 생각할까요? 각자의 입장에 어울리게 빵 이름을 붙이고, 그렇게 이름을 붙인 까닭을 쓰세요.

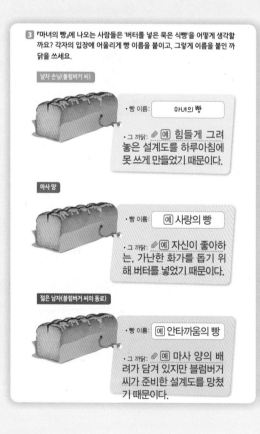

남자 손님(블럼버거 씨)
• 빵 이름: 마녀의 빵
• 그 까닭: 예 힘들게 그려 놓은 설계도를 하루아침에 못 쓰게 만들었기 때문이다.

마사 양
• 빵 이름: 예 사랑의 빵
• 그 까닭: 예 자신이 좋아하는, 가난한 화가를 돕기 위해 버터를 넣었기 때문이다.

젊은 남자(블럼버거 씨의 동료)
• 빵 이름: 예 안타까움의 빵
• 그 까닭: 예 마사 양의 배려가 담겨 있지만 블럼버거 씨가 준비한 설계도를 망쳤기 때문이다.

4 남자 손님(블럼버거 씨)이 마사 양을 고소했다면 어떻게 판결이 났을까요? 내가 판사라면 어떻게 판결했을지 판결문을 완성하세요.

마사 양은 유죄입니다. 저는 너무나 큰 손해를 보았습니다.

저는 무죄입니다. 블럼버거 씨를 도우려고 한 행동이기 때문입니다.

판결문
사 건: 버터 넣은 묵은 식빵 사건
피고인: 마사 양
주 문(판결의 결론): 마사 양은 (유죄, 무죄)이다. 예 마사 양은 블럼버거 씨에게 1년 동안 식빵을 공짜로 제공할 것을/를 명한다.
판결 이유: 예 비록 마사 양이 좋은 뜻으로 식빵에 버터를 넣었을지라도 혼자만의 착각으로 블럼버거 씨에게 손해를 입혔기 때문이다.

20○○년 ○○월 ○○일
길벗스쿨 어린이 재판국

재판국장: 김민정 (인)

해설

1 남자 손님이 묵은 식빵을 사러 마사 양의 빵집에 자주 오면서 두 사람이 만나게 되었습니다. 그러나 마사 양이 식빵 속에 몰래 버터를 넣는 바람에 남자 손님의 설계도를 망치게 되었고 두 사람의 관계는 멀어지게 됩니다.

2 각각의 사건을 마사 양과 남자 손님(블럼버거 씨)의 입장에서 생각해 봅니다. 두 인물의 행동에서 아쉬운 점은 없는지, 어떻게 행동하는 것이 좀 더 상대방을 배려하는 행동일지 등을 생각해 봅니다.

3 남자 손님은 식빵 속에 몰래 버터를 넣은 마사 양을 마녀라고 생각했습니다. 하지만 마사 양은 남자 손님을 배려해서 버터를 넣은 것입니다. 둘의 입장 차이를 알고 그 사건을 바라보는 동료의 마음은 몹시 안타까웠을 것입니다.

4 마사 양은 무죄인지 유죄인지, 그 결과 어떤 벌을 내릴 것인지, 그런 판결을 내린 이유는 무엇인지 차근차근 생각을 정리하여 판결문을 완성해 봅니다.

3주 숨바꼭질

읽기 전 생각 열기

1 친구들과 함께 숨바꼭질을 해 본 적이 있나요? 숨바꼭질을 했던 경험을 떠올려 다음 물음에 알맞은 말을 쓰세요.

꼭꼭 숨어라.
머리카락
보일라.

술래가 나를
찾을까 봐 숨죽이고
있을 때면 얼마나
긴장되는지 몰라.

술래가 되었을 때 숨어 있는 친구를 한 명도 못 찾는다면 어떤 기분이 들까요?

예 친구들이 비웃을까 봐 두렵고 떨릴 것 같다.

내가 숨어 있을 때 술래가 내 존재를 잊고 나를 찾지 않는다면 어떤 기분이 들까요?

예 혼자만 버려진 것 같아 외롭고 슬플 것 같다.

2 나에게 친구란 어떤 사람인가요? 내가 생각하는 친구란 무엇인지 보기 와 같이 쓴 다음, 친구가 있으면 어떤 점이 좋은지 세 가지만 쓰세요.

보기

친구란
아무 이유 없이
좋은 사람이야.

친구란 ✏예 내 마음속 비밀을 지켜 주는 / 내가 실수를 해도 얼굴을 찌푸리지 않는 사람이야.

친구가 있어 좋은 점

① ✏예 친구와 재미있는 놀이를 할 수 있다.

② ✏예 기쁨이나 슬픔을 함께 나눌 수 있다.

③ ✏예 걱정이나 속마음을 터놓고 말할 수 있다.

해설

1 술래가 되어 친구들을 찾으려고 하는데 그 많던 친구들이 한 명도 보이지 않는다면, 숨죽여서 숨어 있는데 아무도 나를 찾으려고도 하지 않는다면 기분이 어떨지 생각해 봅니다.

2 친구란 나에게 어떻게 해 주는 사람인지, 내가 어떻게 느끼는 사람인지 등 다양한 방향에서 생각해 보고, 그런 친구가 있으면 어떤 점이 좋은지 써 봅니다. 친구가 있으면 좋은 점이 친구의 의미와 꼭 연결될 필요는 없습니다.

읽기 전 낱말 탐구

1 문장의 뜻이 통하도록 알맞은 낱말을 찾아 ○표 하세요.

이번 글짓기 대회에 참가 축가 하여 꼭 상을 타고 싶다.

앞으로 어떤 일이 벌어질지 전혀 예절 예상 을 할 수 없다.

권투 선수가 가슴을 혈통 정통 으로 맞고 쓰러졌다.

동생과 다투다가 엄마한테 핀잔 찬잔 을 들었다.

노인들을 속이고 의사 행세 행사 를 하던 사기꾼이 경찰에 붙잡혔다.

전기 에너지 부족 자태 사태 가 점점 심각해지고 있다.

2 밑줄 친 낱말과 바꾸어 쓸 수 있는 낱말을 찾아 ○표 하세요.

필통이 너무 비싸서 살까 말까 한참을 망설였다.
어물거렸다
망가졌다

형은 학교에서 돌아오자마자 책가방을 바닥에 팽개쳤다.
내다봤다
내던졌다

낮잠을 자던 동생이 갑자기 황당한 말을 해서 온 가족이 웃고 말았다.
황홀한
터무니없는

사람들이 많은 곳에서 방귀를 뀌는 바람에 무안해서 혼이 났다.
무식해서
부끄러워서

오랜만에 소꿉친구를 만나니 어색해서 서로 눈도 마주치지 못했다.
서먹해서
어두워서

낱말 탐구

✦ **정통:** 사물의 중심이 되는 요긴한 부분.

✦ **핀잔:** 맞대어 놓고 언짢게 꾸짖거나 비꼬아 꾸짖는 일.

✦ **행세:** 해당되지 않는 사람이 당사자인 것처럼 행동함. 또는 그 태도.

✦ **사태:** 일이 되어 가는 형편이나 상황. 또는 벌어진 일의 상태.

✦ **황당하다:** 말이나 행동 따위가 참되지 않고 터무니없다.

✦ **어색하다:** 잘 모르거나 아니면 별로 만나고 싶지 않았던 사람과 마주 대하여 자연스럽지 못하다.

읽는 중 생각 쌓기

한줄톡! ❶ 술래   ❷ UCC   ❸ 가족   　　**한줄톡!** ❹ 싸늘하게   ❺ 핵심   ❻ 용기

77쪽

내용 확인   ❶ ④   ❷ ㉰   ❸ 숨바꼭질
❹ (3) ○

83쪽

내용 확인   ❶ ㉮   ❷ 이유, 부끄러워   ❸ ④
❹ (3) ○

❶ 현주는 가족 소개 UCC 만들기 대회에 참가하였습니다.

❷ 현주가 "왜 선생님 마음대로 그걸 애들한테 보여 줘요?"라고 말하며 화를 내는 모습에서 선생님이 UCC를 반 친구들한테 보여 주겠다고 해서 화가 난 것임을 알 수 있습니다.

❸ 현주는 스스로를 숨바꼭질 대장이라고 여겨서 아이들이 아무리 찾아도 꼭꼭 숨어야 한다고 생각하였습니다.

❹ 현주가 우리 가족은 아빠가 없다고 말하자, 선생님께서는 두 식구에 할머니까지 오히려 다른 가족보다 한 명 더 있다고 말씀하셨습니다.

❶ 혜진이는 집에서는 재미있는데 학교에서는 싸늘하게 구는 현주에게 서운했던 것입니다.

❷ 혜진이는 아무 이유 없이 좋고, 내가 어떻게 해도 부끄러워하지 않아도 되는 게 바로 친구라고 하였습니다.

❸ "늦기 전에 선생님께 전화를 걸어야겠다."라는 표현에서 현주가 마음이 바뀌었음을 선생님께 알리려고 수화기를 든 것임을 짐작할 수 있습니다.

❹ '자괴감'은 스스로 부끄러워하는 마음, '자만심'은 자신이나 자신과 관련 있는 것을 스스로 자랑하며 뽐내는 마음입니다.

읽은 후 생각 정리

❶ 현주에게 일어난 일을 정리하여 빈칸에 알맞은 말을 쓰세요. 그때 현주의 마음은 어떠했을지 알맞은 것을 모두 찾아 ○표 하세요.

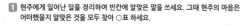

① 선생님께서 내일 국어 시간에 '**가족** 소개 UCC 만들기 대회'에 참가한 두 작품을 보여 주겠다고 말씀하셨다.

[예] 화남 / 불안함 / 미안함 / 놀람 / 설렘 / 즐거움 / 후련함

② 현주는 전화를 건 선생님께 왜 마음대로 자기 모습이 담긴 **UCC** 을/를 친구들에게 보여 주겠다고 하셨는지 따져 물었다.

[예] 화남 / 불안함 / 미안함 / 놀람 / 설렘 / 즐거움 / 후련함

③ 전화를 끊고 현주는 일단 UCC가 공개되는 최악의 **사태** 은/는 막아서 다행이라고 생각했지만 마음 편히 자리에 앉지 못했다.

[예] 화남 / 불안함 / 미안함 / 놀람 / 설렘 / 즐거움 / 후련함

④ 혜진이는 집에서는 재미있으면서 **학교** 에서는 싸늘하게 구는 현주에게 서운한 마음을 드러냈다.

[예] 화남 / 불안함 / 미안함 / 놀람 / 설렘 / 즐거움 / 후련함

⑤ 미숙이가 나서서 **현주** 이/가 하고 싶은 말을 대신해 줌으로써 **현주** 의 고민을 해결해 주었다.

[예] 화남 / 불안함 / 미안함 / 놀람 / 설렘 / 즐거움 / 후련함

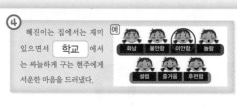

⑥ 혜진이의 충고에 현주가 평소처럼 **숨바꼭질** 을/를 하지 않고 웃음으로 받아 주자, 셋이 크게 웃었다.

[예] 화남 / 불안함 / 미안함 / 놀람 / 설렘 / 즐거움 / 후련함

⑦ 현주는 혜진이의 말을 되뇌이다가 **선생님** 께 마음이 바뀌었음을 알리려고 수화기를 들었다.

[예] 화남 / 불안함 / 미안함 / 놀람 / 설렘 / 즐거움 / 후련함

해설

1 현주와 선생님의 대화를 떠올려 보고, 그것을 바탕으로 하여 다음 물음에 답하세요.

● 현주는 왜 친구들에게 가족 소개 UCC를 보여 주기 싫었을까요?

내 생각
∅ [예] 자신과 가족의 모습을 친구들에게 드러내고 싶지 않기 때문이다.

그렇게 생각한 까닭
∅ [예] 아빠가 없다는 사실을 알게 되면 친구들이 놀릴 것이라고 생각했기 때문이다.

● 내가 선생님이라면 현주의 닫힌 마음을 열기 위해서 어떻게 했을까요?

내 생각
∅ [예] 현주의 편이 되어 현주가 왜 친구들에게 말을 걸지 않고 싸늘하게 구는지에 대해 들어 줄 것이다.

그렇게 생각한 까닭
∅ [예] 현주의 편이 되어 이야기를 들어 주면 현주의 닫힌 마음도 조금씩 열릴 것 같기 때문이다.

1 이야기 내용을 바탕으로 하여 숨바꼭질을 할 수밖에 없는 현주의 마음을 현주의 입장에서 헤아려 보고, 어떤 방법으로 현주의 닫힌 마음을 열 수 있을지 생각해 봅니다.

2 현주처럼 평범하지 않은 친구의 행동을 나는 어떻게 바라봤을지, 그 결과 어떤 행동을 하게 되었을지 정리하여 써 봅니다.

2 내 주변에서 다음과 같은 친구를 본다면, 나는 어떻게 생각하고 행동했을지 쓰세요.

친구들에게 말을 걸지 않고 혼자 조용히 있는 친구

내생각
[예] 친구들이랑 말하는 게 귀찮구나. / 친구들에게 말을 못 거는 성격이구나.

내 행동
[예] 나도 말을 걸지 않을 것이다. / 내가 먼저 말을 걸어 줄 것이다.

친구를 대하는 태도가 가정과 학교에서 전혀 다른 친구

내생각
[예] 내가 뭘 잘못했나? / 성격이 이상한 아이구나.

내 행동
[예] 친구의 마음을 이해하려고 노력할 것이다. / 다음부터는 같이 놀지 않을 것이다.

3 혜진이와 미숙이는 학교에서 혼자 숨바꼭질을 하는 현주를 서로 다르게 바라봤어요. 내 생각은 누구와 비슷한지, 그렇게 생각하는 까닭은 무엇인지 쓰세요.

난 학교에서는 인사도 안 받아 주는 현주를 이해할 수 없어. 내가 어떻게 해도 부끄러워하지 않아도 되는 게 친구야. 그러니까 학교에서도 집에서와 똑같이 행동했으면 좋겠어.

 혜진   미숙

힘들게 현주를 이해하려고 하지 마. 그냥 사실을 그대로 받아들이면 돼. 그게 친구로서 서로를 도와주는 거야. 그래서 나는 학교에서 인사를 하지 않는 현주를 있는 그대로 이해해 주어야 한다고 생각해.

내 생각
나는 (예) 미숙 / 혜진)이의 생각과 비슷하다.

그렇게 생각하는 까닭
∅ [예] 친구가 원하지 않는데 자기가 원하는 방향으로 끌고 가려고 하는 것은 진짜 친구가 아니라고 생각하기 때문이다. / 친구가 옳지 않은 방향으로 가고 있는데 모르는 척하는 것은 진짜 친구가 아니라고 생각하기 때문이다.

3 나라면 미숙이처럼 친구가 하고 싶은 대로 행동하도록 이해하고 내버려 둘 것인지, 혜진이처럼 충고를 해서 친구가 잘못된 행동을 하지 않도록 도울 것인지 정해 봅니다. 그런 뒤에 그렇게 생각하는 까닭을 써 봅니다.

4 현주는 자신이 만든 UCC를 반 친구들에게 보여 주기로 마음을 바꿨어요. 그 뒷이야기는 어떻게 되었을까요? 자유롭게 상상하여 쓰세요.

● 수화기를 든 현주가 선생님께 어떤 말을 했을까요?

현주가 한 말
[예] 선생님, 저 현주인데요. 이번이 친구들과 훨훨 날아오를 수 있는 기회일지도 모른다는 선생님 말씀이 옳다는 생각이 들어요. 그래서 내일 친구들에게 제가 만든 UCC를 보여 주기로 마음을 바꿨어요.

● 현주의 UCC를 보고 반 친구들은 어떤 반응을 보였을까요?

친구들의 말이나 행동
[예] 현주야, 너 정말 다시 봤다! 네가 그렇게 재미있고 밝은 아이인 줄 몰랐어. 앞으로는 쭉 그런 모습만 봤으면 좋겠다. / 친구들이 현주에게 다가와 UCC 내용과 관련해 궁금한 점들을 질문하며 말을 걸 것이다.

4 현주가 수화기를 든 까닭은 무엇인지, 현주의 UCC를 본 뒤에 친구들과 현주의 관계는 어떻게 달라졌을지 자유롭게 상상하여 써 봅니다.

4주 한반도의 동물을 구하라!

읽기 전 생각 열기

1 우리나라에는 어떤 동물이 살고 있는지 사는 곳에 알맞은 동물을 세 가지 이상 쓰세요.

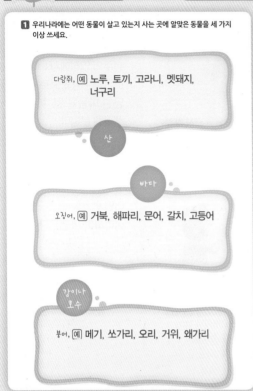

다람쥐, [예] 노루, 토끼, 고라니, 멧돼지, 너구리

산

바다

오징어, [예] 거북, 해파리, 문어, 갈치, 고등어

강이나 호수

붕어, [예] 메기, 쏘가리, 오리, 거위, 왜가리

2 다음은 멸종되어 더 이상 지구에 살지 않는 동물들의 모습이에요. 멸종된 동물들을 보고 어떤 생각이나 느낌이 들었는지 쓰세요.

도도는 '바보'라는 뜻으로, 사람을 두려워하지 않고 날지도 못해 붙여진 이름이에요. 무자비한 사냥과 사람들이 데려온 동물에 의해 멸종되었지요.

▲ 도도새

푸른빛의 아름다운 털을 가졌어요. 사람들이 가죽을 얻기 위해 마구 사냥하면서 멸종되었답니다.

▶ 파란 영양

날지 못하는 가장 크고 무거운 새예요. 사람들의 사냥으로 멸종되었습니다.

◀ 코끼리새

캥거루처럼 주머니가 있는 늑대예요. 양과 같은 가축을 해치는 동물로 여겨져 사람들에 의해 멸종되었지요.

▲ 주머니늑대

나의 생각이나 느낌

[예] 사람에 의해 멸종된 동물들을 보니 미안하고 불쌍한 마음이 들었다. 그리고 사람에 의해 이렇게 많은 동물이 멸종되었다는 사실이 놀라웠다. 더 이상은 사람에 의해 다른 동물이 멸종되는 일이 없었으면 좋겠다.

해설

1 각 장소에서 직접 보았거나 책이나 영상으로 보았던 동물들을 떠올려 써 봅니다.

2 사람에 의해 멸종된 동물들의 마음이 어떠할지 생각해 보고, 그것을 바탕으로 하여 생각하거나 느낀 점을 정리하여 써 봅니다.

읽기 전 낱말 탐구

1 다음에서 설명하는 내용을 잘 읽고, 빈칸에 들어갈 알맞은 낱말을 보기에서 찾아 쓰세요.

보기
갯벌   자취   천적   서식지

서식지 : 생물 따위가 일정한 곳에 자리를 잡고 사는 곳.

자취 : 어떤 것이 남긴 표시나 자리.

천적 : 잡아먹는 동물을 잡아먹히는 동물에 상대하여 이르는 말.

갯벌 : 밀물 때는 물에 잠기고 썰물 때는 물 밖으로 드러나는 끈끈한 모래의 평평한 땅.

2 다음 뜻풀이를 읽고 문장에 어울리는 낱말을 찾아 ○표 하세요.

뜻풀이	문장에 어울리는 낱말 찾기
직접 관계가 없는 남의 일에 부당하게 참견함.	지나치게 간단 (간섭) 간호 하면 오히려 일을 그르칠 수 있다.
남의 일을 간섭하고 막아 해를 끼침.	오랜만에 책 좀 읽으려는데 너 자꾸 방향 (방해) 방화 할래?
짐승이나 물고기를 잡음.	주택가에 나타난 멧돼지를 포수가 나서 포기 (포획) 포회 했다.
조심하거나 삼가도록 미리 주의를 줌. 또는 그 주의.	어린이가 타는 통학 버스에는 노란색 (경고) 경청 경호 표시가 있다.
산이나 들에서 저절로 나서 자라는 과정에서 생긴 강한 성질.	개는 야만성 (야생성) 야행성 을 잃고 가축이 되어 오래 전부터 사람에 의해 길러졌다.

낱말 탐구

+ **부당하다:** 이치에 맞지 아니하다.
+ **참견하다:** 자기와 별로 관계없는 일이나 말 따위에 끼어들어 쓸데없이 아는 체하거나 이래라저래라 하다.
+ **방화:** 일부러 불을 지름.
+ **경청:** 귀를 기울여 들음.
+ **경호:** 위험한 일이 일어나지 않도록 미리 조심하고 보호함.
+ **야만성:** 미개하여 문화 수준이 낮은 데가 있는 성질.
+ **야행성:** 낮에는 쉬고 밤에 활동하는 동물의 습성.

한줄톡! ❶ 한반도(우리나라)　❷ 오염　❸ 물살　❹ 환경 오염　❺ 침입 외래종　❻ 보호

103쪽

내용 확인　❶ (1) ○ (3) ○　❷ ②　❸ 붉은박쥐(황금박쥐)　❹ 탁란

109쪽

내용 확인　❶ ④　❷ 산성비　❸ ③　❹ (1) ○ (4) ○

❶ 우리나라에서는 두루미, 수달, 붉은박쥐, 감돌고기 등이 사라져 가고 있습니다.

❷ 두루미는 가을이 깊어지면 우리나라를 찾아와 겨울을 보내고 가는 겨울 철새입니다.

❸ 원래 따뜻한 곳에서 살았던 붉은박쥐는 먹이를 구하기 힘든 겨울이 오면 추위를 피해 동굴이나 폐광에서 엄청나게 긴 겨울잠을 잡니다.

❹ 감돌고기는 꺽지가 알을 낳은 곳에 몰래 알을 낳아 키우게 합니다. 이것을 '탁란'이라고 합니다.

❶ 우리나라의 동물을 외국으로 수출해서가 아니라 외국에서 새로운 동물이 들어와 우리나라 고유의 동물을 모조리 잡아먹어서 동물이 사라진 것입니다.

❷ 산성비는 석유나 석탄과 같은 화석 연료를 쓸 때 나오는 오염 물질이 비가 되어 내리는 것입니다.

❸ 람사르 협약, 몬트리올 의정서, 생물 다양성 협약 등은 멸종 위기에 몰린 동물을 보호하기 위한 국제적인 약속들입니다.

❹ 이 밖에도 물이나 전기 아껴 쓰기, 야생 동물 보호 단체 등에 기부금 내기 등을 할 수 있습니다.

1 글의 짜임에 따라 설명한 내용을 정리하여 빈칸에 알맞은 말을 쓰세요.

처음 우리나라의 멸종 동물 소개

우리나라에서는 **일제 강점기** 때부터 호랑이, 표범, 독도 강치와 같은 동물이 사라졌고, 요즘에도 많은 동물들이 사라지고 있다.

가운데 1 우리나라의 멸종 위기 동물들

두루미는 논이나 습지들이 **도로와 건물** 로 개발되면서 살 곳을 잃었다.

오염된 강물에 사는 물고기를 먹고 **중금속** 에 중독된 수달은 각종 개발로 살 곳마저 빼앗겨 목숨을 잃고 있다.

동굴이나 폐광에서 **겨울잠** 을/를 자는 붉은박쥐도 살 곳을 잃었다. 감돌고기는 강이 오염되고 **댐** 건설로 인해 그 수가 점점 줄어들고 있다.

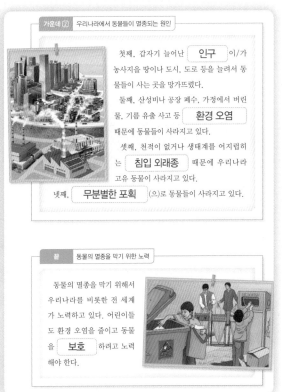

가운데 2 우리나라에서 동물들이 멸종되는 원인

첫째, 갑자기 늘어난 **인구** 이/가 농사지을 땅이나 도시, 도로 등을 늘려서 동물들이 사는 곳을 망가뜨렸다.

둘째, 산성비나 공장 폐수, 가정에서 버린 물, 기름 유출 사고 등 **환경 오염** 때문에 동물들이 사라지고 있다.

셋째, 천적이 없거나 생태계를 어지럽히는 **침입 외래종** 때문에 우리나라 고유 동물이 사라지고 있다.

넷째, **무분별한 포획** (으)로 동물들이 사라지고 있다.

끝 동물의 멸종을 막기 위한 노력

동물의 멸종을 막기 위해서 우리나라를 비롯한 전 세계가 노력하고 있다. 어린이들도 환경 오염을 줄이고 동물을 **보호** 하려고 노력해야 한다.

1 『한반도의 동물을 구하라!』의 내용을 생각하며 사향노루가 우리나라에서 사라지는 까닭은 무엇일지 짐작하여 쓰세요.

사향노루는 몸에 좋은 향이 나는 향 주머니를 가지고 있다. 바위가 많은 높은 산에 사는데 두세 마리씩 무리를 지어 다닌다.

그 까닭 예 사향노루가 가진 향 주머니를 탐내는 사람들이 사향노루를 함부로 잡아들였기 때문이다.

2 만약 내가 중금속에 중독되어 죽어 가는 수달이라면 사람들에게 어떤 말을 하고 싶을지 상상하여 쓰세요.

예 자연을 이렇게까지 오염시킨 사람들이 원망스러워.

3 만약 다음 동물이 사라진다면 어떤 일이 일어날지, 또 우리에게는 어떤 영향을 끼칠지 생각하여 쓰세요.

바다 / 숲속

플랑크톤 / 다람쥐

바다에는 어떤 일이 일어날까요?
예 플랑크톤을 먹고 사는 물고기들이 사라지게 될 것이다.

숲속에는 어떤 일이 일어날까요?
예 다람쥐를 잡아먹는 여우나 뱀도 사라지게 될 것이다. / 도토리들이 멀리 퍼지지 못해 상수리나무의 수가 줄어들 것이다.

우리에게는 어떤 일이 생길까요?
예 생선을 먹기 힘들어질 것이다.

우리에게는 어떤 일이 생길까요?
예 동물의 수가 줄어들어서 식량이 부족해질 수 있다. / 숲이 사라지고 맑은 공기도 마실 수 없으며 홍수 등의 피해를 입을 수 있다.

4 다음과 같은 멸종 위기 동물을 보호하기 위한 방법들에 대하여 동물들은 어떻게 생각할지 동물의 입장에서 쓰세요.

위치 추적기(GPS)로 이동 모습 관찰하기

이것만 있으면 위치를 금세 알 수 있지.

예 위치 추적기가 크고 무거워서 불편해. 더 작고 가벼운 위치 추적기는 없을까?

종을 되살려 살던 곳으로 돌려보내기

소백산에 여우가 다시 살게 되다니 정말 기뻐.

예 훈련은 받았지만 산에서 먹이를 찾아 돌아다니는 게 너무 무서워. 친구들을 좀 더 많이 풀어 주면 좋겠어.

5 다음은 환경 운동가인 제인 구달이 발표한 '생명 사랑 십계명'이에요. 여기에 새로운 계명을 덧붙인다면 무엇이 좋을지 내 생각을 쓰세요.

생명 사랑 십계명

❶ 우리가 동물 사회의 일원이라는 것을 기뻐하자.
❷ 모든 생명을 존중하자.
❸ 마음을 열고 겸손히 동물들에게 배우자.
❹ 아이들이 자연을 아끼고 사랑하도록 가르치자.
❺ 현명한 생명 지킴이가 되자.
❻ 자연의 소리를 소중히 여기고 보존하자.
❼ 자연을 해치지 말고 자연으로부터 배우자.
❽ 우리 믿음에 자신을 갖자.
❾ 동물과 자연을 위해 일하는 사람들을 돕자.
❿ 우리는 혼자가 아니다. 희망을 갖고 살자.

새로운 계명

예 매일 동물과 자연을 위해 할 수 있는 일을 찾아 실천하자.

해설

1 동물들의 멸종 원인을 바탕으로 하여 사향노루가 우리나라에서 사라지는 까닭을 짐작하여 써 봅니다.

2 사람들이 자연환경을 오염시킨 결과, 우리나라에서 사라지게 된 동물의 마음은 어떠할지 상상하여 써 봅니다.

3 다람쥐가 사라지면 먹이사슬에 어떤 영향을 끼칠지, 또 다람쥐가 생태계에서 어떤 역할을 하고 있을지 생각해 봅니다.

4 인간이 생각해 낸 방법들을 동물들은 어떻게 받아들일지, 좀 더 좋은 방법은 없을지 동물의 입장에서 생각해 보고, 생각한 내용을 사람에게 이야기하듯 잘 정리해서 써 봅니다.

5 제인 구달과 같은 환경 운동가가 된다면 동물과 자연을 보호하기 위해 우리가 무엇을 할 수 있을지 떠올려 보고 한 문장으로 정리하여 써 봅니다.

39쪽

★ 산더미처럼 쌓인 물건들 속에서 아이가 잃어버린 8개의 물건을 찾아보세요.

65쪽

★ 아빠가 귀여운 강아지 한 마리를 데려왔어요! 팻말에 강아지 이름을 지어 주고 강아지에게 선물할 포근한 집을 꾸며 보세요.

91쪽

★ 바닷속 친구들이 각각 몇 마리씩 있는지 세어 보세요.

117쪽

재미로 보는 **심리 테스트 결과**

① **빨강**

하고 싶은 것이 많아서 고민인 당신!
내가 해야 하는 것과 하고 싶은 것이 다르군요.
이번 주말에는 내가 하고 싶은 것 한 가지를 꼭 해 보세요!

② **노랑**

실수를 할까 봐 걱정하는 당신!
친구들이나 가족 앞에서 실수할까 봐 걱정한 적이 있군요.
걱정 말아요. 당신은 이미 잘 해내고 있으니까요!

③ **초록**

스트레스가 많아 다 내려놓고 쉬고 싶은 당신!
내 마음을 좀처럼 알아주지 않아 속상한 적이 있군요.
자신의 감정을 솔직하게 표현하는 연습을 해 보세요.

④ **파랑**

일상이 따분해서 색다른 것을 찾는 당신!
똑같은 일상이 반복되어 지루하다고 생각한 적이 있군요.
오늘은 색다른 일을 한 가지 해 보는 것이 어때요?

🦉 설명문 어떻게 쓸까요?

122~125쪽

1 나진 **2** 화산 **3** ② **4** ④ **5** ㉰
6 ④ **7** 예 사실만을 전달하지 않고 글쓴이의 개인적인 의견을 전달하였다. **8** ③

1 지효는 '제안하는 글 또는 논설문'을 쓸 때 알맞은 글감을 말했고, 지민이는 '편지글'을 쓸 때 알맞은 글감을 말했습니다.

2 '화산'에 대하여 설명하는 글입니다.

3 소금에 대하여 설명하는 글이므로 '된장을 담그는 방법'에 대해서는 조사하지 않아도 됩니다.

4 설명하는 대상과 내용이 잘 드러나게 제목을 붙입니다.

5 ㉠, ㉡, ㉣는 '송편'에 대하여 설명하는 내용이고, ㉢는 '약과'에 대하여 설명하는 내용입니다.

6 주어진 글에는 닭싸움을 언제부터 하였는지에 대한 내용이 나타나 있지 않습니다.

7 설명문은 사실을 전달하는 글이므로 글쓴이의 주장이나 의견이 드러나지 않아야 합니다.

8 설명문을 쓸 때에는 읽는 사람의 수준에 맞게 이해하기 쉬운 낱말과 간결한 문장을 사용하여야 합니다.

🦉 이렇게 써 봐요!

1 무엇에 대하여 설명하고 싶은지 생각하여 한 가지만 쓰세요.

예 탈춤

2 **1**에서 답한 대상과 관련하여 읽는 사람이 알고 싶어 할 만한 내용을 세 가지만 쓰세요.

- 예 탈춤을 추기 시작한 때
- 예 탈춤의 종류
- 예 탈춤을 추면 좋은 점

3 **2**에서 답한 내용에 대하여 여러 가지 자료를 조사해 보고, 조사한 내용을 정리하여 쓰세요.

예 탈춤을 추기 시작한 때	예 처음에는 궁궐에서 잔치가 열릴 때 광대들이 추는 춤이었으나, 점차 백성들도 탈춤을 즐기기 시작했다.
예 탈춤의 종류	예 하회별신굿탈놀이, 북청사자놀음, 봉산탈춤 등이 있다.
예 탈춤을 추면 좋은 점	예 남녀노소 모두가 흥겹게 어울리며 기쁨과 즐거움을 나눌 수 있다.

4 **1**~**3**에서 정리한 내용을 바탕으로 하여 설명문을 써 보세요.

예 탈춤

탈춤은 탈(가면)을 쓰고 춤을 추면서 하는 전통 연극이다. 처음에는 궁궐에서 잔치가 열릴 때 광대들이 추는 춤이었으나, 점차 백성들도 탈춤을 즐기기 시작했다.

널리 알려진 탈춤으로는 하회별신굿탈놀이, 북청사자놀음, 봉산탈춤 등이 있다.

탈춤은 사람들이 많이 모이는 곳이나 큰 장이 서던 곳 등에서 공연되었다.

사람들은 단순히 탈춤을 관람하는 데 그치지 않고, 남녀노소 모두가 흥겹게 어울리며 기쁨과 즐거움을 나누었다.

시 어떻게 쓸까요?

130~133쪽

1 동건　　**2** 비 오는 소리(빗소리)　　**3** 눈
4 3연 6행　　**5** 예 보슬보슬
6 (1) ② (2) ③ (3) ①　　**7** ①　　**8** ④

1 시를 쓸 때에는 가장 먼저 '글감'을 정해야 합니다.

2 민규는 '비 오는 소리' 또는 '빗소리'를 글감으로 하여 시를 쓰려고 합니다.

3 주어진 시는 윤동주 시인의 「눈」으로, 중심 글감은 '눈'입니다.

4 '행'은 시의 한 줄 한 줄을 말하고 '연'은 시에서 몇 행을 하나로 묶은 것을 말합니다. 주어진 시는 방정환 선생님의 「귀뚜라미 소리」로, 3연 6행으로 이루어져 있습니다.

5 대상의 모습을 실감 나고 생생하게 느낄 수 있도록 빈칸에 알맞은 흉내 내는 말을 써 봅니다.

6 '신나게 노래를 부르는 참새'에서는 참새를 사람처럼 표현하는 '의인법'을 사용했고, '내 마음은 고요한 호수'에서는 '~은/는 ~이다'라고 표현하는 '은유법'을 사용했습니다. '솜사탕 같은 구름'에서는 '~처럼', '~같이', '~ 같은' 등으로 두 사물을 직접 빗대어 표현하는 '직유법'을 사용했습니다.

7 주어진 시는 김소월 시인의 「엄마야 누나야」로, 이 시에는 아빠를 그리워하는 마음이 나타나 있지 않습니다.

8 주어진 시에서 '나'는 '하얀 눈'이 내리면 친구들과 눈사람을 만들고, 동생과 팥빙수를 만들고 싶어 합니다. 그러므로 이 시의 제목은 '하얀 눈'이 가장 알맞습니다.

이렇게 써 봐요!

1 무엇에 대하여 시를 쓰고 싶은지 떠올려 보세요.

> 예 나무

2 **1**에서 정한 글감을 통해 표현하고 싶은 생각이나 느낌을 정리하여 쓰세요.

> 예 나무가 비를 맞아 축 처져 있는 모습이 내가 부모님께 혼나고 나서 시무룩해진 모습과 비슷하다는 생각을 표현하고 싶다.

3 **2**에서 정리한 내용을 어떤 방법으로 표현하면 좋을지 생각하여 쓰세요.

> 예 비를 맞아 축 처져 있는 나무의 모습을 내 모습에 빗대어 사람처럼 표현하면 좋을 것 같다.

4 **1**~**3**에서 정리한 내용을 바탕으로 하여 시를 써 보세요. 빈 공간에는 자유롭게 시와 어울리는 그림도 그려 보세요.

> 예 나무
>
> 비 온 어느 날
> 나무가 축 처져 있다.
>
> 나도 그 마음 안다.
>
> 엄마한테 혼난 날
> 나도 눈물 흘렸다.
>
> 바람 분 어느 날
> 나무가 축 처져 있다.
>
> 나도 그 마음 안다.
>
> 아빠한테 혼난 날
> 나도 기운 빠졌다.

독 서 노 트

내가 읽은 책은?

읽은 날짜   월   일

책 제목	여행
글쓴이	신형건

1 동시집 『여행』을 읽고 기억에 남는 시와 그 까닭을 쓰세요.

✔ 기억에 남는 시

예 폭포

✔ 그 까닭

예 폭포 소리를 웃음소리로 표현한 게 무척 재미있었기 때문이다.

2 동시집 『여행』을 읽고 어떤 생각이나 느낌이 들었는지 쓰세요.

예 '여행'이라는 주제로 다양한 시를 쓸 수 있다는 게 신기했다. 그래서 내가 좋아하는 게임을 주제로 시를 써 보고 싶다는 생각이 들었다.

만족도 · 재미 · ★★★★★ · 지식 · ★★★★★ · 감동 · ★★★★★ 총 평점 ★★★★★

※ 가이드북 16쪽에 있는 예시 답안을 확인하세요.

 ## 내가 읽은 책은?

읽은 날짜   월   일

책 제목	마녀의 빵
글쓴이	오 헨리

1 이 글을 읽고 기억에 남는 장면과 그 까닭을 쓰세요.

✔ 기억에 남는 장면

예 블럼버거 씨가 마사 양 빵집에 찾아와 화를 내는 장면

✔ 그 까닭

예 마사 양은 블럼버거 씨한테 고맙다는 말을 들을 줄 알았는데 오히려 '마녀'라는 말을 들었기 때문이다.

2 이 글을 읽고 어떤 생각이나 느낌이 들었는지 쓰세요.

예 내가 좋은 뜻으로 한 일이라도 상대방의 처지나 상황을 제대로 이해하지 못하고 한 것이라면 오히려 상대방에게는 피해를 줄 수도 있다는 것을 깨달았다.

만족도 · 재미 · ★★★★★ · 지식 · ★★★★★ · 감동 · ★★★★★ 총 평점 ★★★★★

※ 가이드북 16쪽에 있는 예시 답안을 확인하세요.

 ## 내가 읽은 책은?

읽은 날짜   월   일

책 제목	숨바꼭질
글쓴이	김대조

1 이 글을 읽고 기억에 남는 장면과 그 까닭을 쓰세요.

✔ 기억에 남는 장면

예 현주가 용기 내어 선생님께 전화를 걸려고 수화기를 드는 장면

✔ 그 까닭

예 숨바꼭질을 끝내려고 용기를 낸 현주를 응원하고 싶었기 때문이다.

2 이 글을 읽고 어떤 생각이나 느낌이 들었는지 쓰세요.

예 꼭꼭 숨으려고만 하는 현주에게 친구란 내가 어떻게 해도 부끄러워하지 않아도 되는 거라며 용기를 준 혜진이가 멋지게 느껴졌다. 나도 혜진처럼 친구들에게 용기를 주는 좋은 친구가 되고 싶다는 생각이 들었다.

만족도 · 재미 · ★★★★★ · 지식 · ★★★★★ · 감동 · ★★★★★ 총 평점 ★★★★★

※ 가이드북 16쪽에 있는 예시 답안을 확인하세요.

 ## 내가 읽은 책은?

읽은 날짜   월   일

책 제목	한반도의 동물을 구하라!
글쓴이	왕입분

1 이 글을 읽기 전 이미 알고 있던 내용과 글을 읽고 나서 새로 알게 된 내용을 쓰세요.

✔ 이미 알고 있던 내용

예 예전에는 우리나라에서 호랑이, 늑대를 흔히 볼 수 있었다는 것

✔ 새로 알게 된 내용

예 독도 강치가 일제 강점기 때 일본에 의해 멸종되었다는 사실

2 이 글을 읽고 어떤 생각이나 느낌이 들었는지 쓰세요.

예 우리나라에서 동물들이 멸종되고 있다는 사실이 마음 아팠다. 그리고 동물들이 사라지면 우리 인간도 멸종하게 될 수도 있다는 생각이 들었다.

만족도 · 재미 · ★★★★★ · 지식 · ★★★★★ · 감동 · ★★★★★ 총 평점 ★★★★★

※ 가이드북 16쪽에 있는 예시 답안을 확인하세요.

기적의 학습서

오늘도 한 뼘 자랐습니다

기적의 학습서, 제대로 경험하고 싶다면?
학습단에 참여하세요!

꾸준한 학습!

풀다 만 문제집만 수두룩? 기적의 학습서는 스케줄 관리를 통해 꾸준한 학습을 가능케 합니다.

푸짐한 선물!

학습단에 참여하여 꾸준히 공부만해도 상품권, 기프티콘 등 칭찬 선물이 쏟아집니다.

알찬 학습 팁!

엄마표 학습의 고수가 알려주는 학습 팁과 노하우로 나날이 발전된 홈스쿨링이 가능합니다.

길벗스쿨 공식 카페 〈기적의 공부방〉에서 확인하세요.
http://cafe.naver.com/gilbutschool